Teuber · „Ich blute, also bin ich"

Münchner Studien zur Kultur- und Sozialpsychologie
herausgegeben von Heiner Keupp

Band 10

„ICH BLUTE, ALSO BIN ICH“

Selbstverletzung der Haut von Mädchen und jungen Frauen

Kristin Teuber

3. Auflage

Centaurus Verlag
Herbolzheim 2000

Die Autorin, Jahrgang 1963, Diplom-Psychologin, studierte Psychologie an der Universität München mit Schwerpunkt Sozialpsychologie. Sie arbeitete in München in einer Zufluchtstelle für Mädchen und junge Frauen.

Umschlagabbildung: Ägyptische Grabbeigabe mit Ritzverzierung, aus gebranntem Ton, um 2000 v. Chr. Aus: Karl Gröning (Hg.): *Geschmückte Haut.* Eine Kulturgeschichte der Körperkunst, München 1997. Der Abdruck erfolgte mit freundlicher Genehmigung von Karl Gröning.

Der vorliegende Text ist die geringfügig überarbeitete Version einer Diplomarbeit, die im Mai 1994 an der Ludwig-Maximilian-Universität München, Institut für Psychologie (Sozialpsychologie) eingereicht wurde.

Die Deutsche Bibliothek – CIP-Einheitsaufnahme

Teuber, Kristin:
"Ich blute, also bin ich" : Selbstverletzung der Haut von Mädchen und jungen Frauen / Kristin Teuber. – Herbolzheim : Centaurus-Verl.-Ges., 3. Auflage 2000
(Münchner Studien zur Kultur- und Sozialpsychologie ; Bd. 10)
ISBN 3-8255-0090-X

ISSN 0942-9549

Satz: Vorlage der Autorin
Druck: primotec printware, Herbolzheim

Für meinen Vater

Inhaltsverzeichnis

1 Einleitung..11

- Der Weg zum Thema 12
- Zum Begriff Ritzen 14

2 Autoaggression und Aggression..15

- Autoaggression 15

- Die materialistische Entwicklungstheorie 16
- Psychologische Grundlagen 16
- Zur Struktur der Störungsgenese 16
- Erklärungswert der materialistischen Entwicklungstheorie 18
- Einzelbefunde aus der Autoaggressionsforschung 19

- Aggression 20

- Aggressive Männer und autoaggressive Frauen? 20
- Familiäre Sozialisationsbedingungen 21
- Semantische Betrachtung des Begriffs Aggression 22
- Gesellschaftliche Bedingungen aggressiver Ausdrucksformen 23
- Gegen sich selbst gerichtete Aggressionen 25
- Ritzen als typisch weibliches Verhalten 27
- Ritzen - eine weibliche Perversion? 27

3 Die Methode 30

- Die Interviewpartnerinnen - ritzende Mädchen oder Expertinnen? 30
- Reflexion zur Wahl der Interviewpartnerinnen 32

- Die Datenerhebung...33

- Das problemzentrierte Interview 33
- Der Interviewleitfaden 34

- Die Auswertungsmethode..34

- Die zusammenfassende Inhaltsanalyse 35
- Das konkrete Vorgehen 35

4 Die Expertinnen 38

- Susanne 38
- Frauke 40
- Rita 40
- Eva 41
- Anja 43
- Gela 45

5 Die Auswertung **47**

- Phänomenologie des Ritzens **47**

- Welche Personen ritzen? 48
- Geschlechtsspezifität 48
- Lebensalter 49
- Wie wird geritzt? 49
  - Tiefe und Umfang 49
  - Körperregionen 50
- Gegenstände 51
- Häufigkeit 51
  - Verbreitung 51
  - Individuelle Häufigkeit 52
- Gefährlichkeit 53
- Heimlich oder öffentlich? 53
- Ritzen als nachahmendes Verhalten 54

- Psychosoziale Auslöser **55**

- Aktuelle Auslösesituationen 55
- Veränderungen in Beziehungen 56
- Autonomie-Abhängigkeits-Konflikt 57
- Die Selbstverletzungssituation 59
  - Gefühle vor dem Ritzen 59
  - Gefühle während des Ritzens 59
  - Gefühle nach dem Ritzen 60
- Bewußtheit und Selbstkontrolle 62
- Selbstentfremdung 63
- Spaltung zwischen Körper und Selbst 64
- Verantwortung 65

- Intention **67**

- Erfahrungshintergründe **69**

- Sexueller Mißbrauch 70
- Körperliche Mißhandlung 74
- Seelische Mißhandlung 77
- Gewalterfahrungen führen nicht unbedingt zum Ritzen 78

- Der eigene Körper **79**

- Der Körper als Objekt 81
- Der Körper als Übergangsobjekt? 82
- Der Körper muß funktionieren 83
- Der Körper als Ausdrucksmittel 84
- Narben sind Dokumente 85
- Die Zurichtung des Körpers 87

- Pubertät - Konflikte bei der Entwicklung zur Frau....91

- Beziehungen 91
- Körperliche Veränderungen und Sexualität 96
- Menstruation 98

- Motivation....99

- Angst 101
- Ritzen als Angstbewältigung 102

- Ritzen als Suchtverhalten....103

- Das Verhältnis von Ritzen und Suizid....105

- Symbolische Bedeutungen von Blut und Haut....107

- Blut 107
- Haut 110

Nachwort....114

- Fazit 115
- Ausklang 117

Dank....118

Anhang....119

Literaturverzeichnis....121

1 Einleitung

Das Ritzen der Haut ist ein autoaggressives Verhalten, das gehäuft bei Mädchen und jungen Frauen auftritt. Es ist ein auffälliges Verhalten, das in der Interaktion enorme Bedeutung erlangt. Üblicherweise wird eine solche Art der Selbstverletzung mit dem Etikett „pathologisch" belegt. Pathologisches Verhalten wird sanktioniert, weil es von der Norm abweicht, und es muß vor allem abgestellt werden. Dabei ist die Frage unerheblich, ob die betreffende Person ihr Verhalten unterlassen will oder kann. Sie muß. Das ist zumindest eine Reaktion, die ritzende Mädchen und Frauen hervorrufen.

Jedes Verhalten ergibt vor einem bestimmten Hintergrund einen entsprechenden Sinn. Die vorliegende Arbeit verfolgt das Ziel, den Sinn und die Bedeutung des Ritzens zu erforschen. Die sich selbst verletzenden Mädchen und Frauen werden dabei als Subjekte ins Zentrum des Interesses gerückt. Ihr Verhalten wird unter verschiedenen Aspekten untersucht, um es in seinem Kontext verstehen zu können. Die Kategorie „krank" wird bei dieser Herangehensweise überflüssig.

„Ich blute, also bin ich" drückt in charakteristischer Weise die seelische Not aus, in der sich die Mädchen und junge Frauen befinden. Diese Not ist zwar individuell verschieden, es lassen sich aber personenübergreifende Tendenzen ablesen. In der Analyse des Ritzens befasse ich mich deshalb mit spezifischen Umständen und Bedingungen dieses autoaggressiven Verhaltens, um es dann in einen gesellschaftlichen Bezugsrahmen zu stellen. Meine Untersuchung basiert auf Interviews mit Expertinnen, die in ihrer beruflichen Praxis Kontakt zu ritzenden Mädchen und Frauen hatten oder haben.

Einleitend werde ich meinen Weg zu diesem Thema beschreiben und zum Begriff Ritzen Stellung nehmen. Im anschließenden Theorieteil stelle ich Aspekte der Autoaggressionsforschung dar und setze mich kritisch mit ihrem Erklärungsgehalt auseinander. Danach beleuchte ich die geschlechtsspezifische Entwicklung des Umgangs mit Aggressionen und bringe diese mit gesellschaftlichen Bedingungen aggressiver Ausdrucksformen in Verbindung. Im dritten Kapitel erläutere ich ausführlich mein methodisches Vorgehen, damit die Datenerhebung und die Auswertung transparent und nachvollziehbar werden. Darauf folgt ein Abschnitt, in dem in einer kurzen Vorausschau die theoretischen Standpunkte der Interviewpartnerinnen zusammenfassend dargestellt werden und ihr jeweiliger Arbeitsplatz beschrieben wird.

Der folgende Auswertungsteil ist in größere Themengebiete unterteilt. Zunächst werden im Abschnitt „Phänomenologie des Ritzens" das Verhalten an sich und die Situationen, in denen es auftritt, skizziert, so daß die LeserIn eine Vorstellung über das Ritzen entwickeln kann. Daran anschließend erläutere ich die psychosozialen Begleitumstände dieses Phänomens. Der Abschnitt über den eigenen Körper befaßt sich mit verschiedenen Fragen: Wird beim Ritzen der Körper als Objekt behandelt? Welche Funktionen muß der Körper übernehmen? In welchem gesellschaftlichen Zusammenhang steht die Zurichtung des Körpers? Inwiefern sind die Bedingungen der weiblichen Pubertät für das Ritzen begünstigend? Daran schließe ich einen kurzen zusammenfassenden Motivationsteil an, in dem zusätzlich die Rolle der Angst behandelt wird. Weiterhin geht es um die Frage, ob das Ritzen spezifische Aspekte enthält, die es zu einem Suchtverhalten machen und setze mich anschließend mit dem Verhältnis zwischen Ritzen und Suizid auseinander. Zum Schluß greife ich symbolische Bedeutungen von Blut und Haut auf und prüfe, inwiefern sie für die Erklärung des Ritzens relevant sein könnten.

Der Weg zum Thema

Im Rahmen eines Projektstudiengangs Angewandte Sozialpsychologie absolvierte ich über ein dreiviertel Jahr ein Praktikum in einer Zufluchtstelle für Mädchen und junge Frauen. In dieser Zeit war ich an einem Abend pro Woche für die Freizeitgestaltung der dort lebenden Mädchen verantwortlich.

Die Zufluchtstelle ist eine Einrichtung, in der Mädchen und junge Frauen im Alter von 14 bis 21 Jahren vorübergehend wohnen können, wenn sie ihr Elternhaus frühzeitig verlassen. Sie ist ein feministisches, teamgeleitetes Projekt, das als übergeordnetes Ziel die Verbesserung der Lebenssituation von Mädchen verfolgt. Die Mädchen, die dort um Aufnahme nachsuchen, haben fast durchgängig körperliche oder sexuelle Gewalt in ihren Familien erlitten oder sie waren andersgearteten Grenzverletzungen ausgesetzt. Die Zufluchtstelle ist ein Schutzraum, in dem die Mädchen in ihrer aktuellen Krisensituation zur Ruhe kommen sollen. Die Schutzqualität besteht u.a. darin, daß der Ort der Zufluchtstelle anonym gehalten wird, so daß die Mädchen nicht von Angehörigen behelligt werden können.

Ausgehend von dem Konzept der parteilichen Mädchenarbeit werden die Bewohnerinnen von Psychologinnen und Sozialpädagoginnen betreut und bei der Klärung ihrer momentanen Situation und der Entwicklung von Lebensperspektiven beraten und unterstützt.

Während meines Praktikums lernte ich in der Zufluchtstelle zwei Mädchen kennen, die häufig und teilweise so exzessiv ritzten, daß ihre Wunden genäht werden mußten. Ich konnte zu beiden einen relativ engen Kontakt herstellen, wobei das Ritzen immer ein problematischer Aspekt in der Beziehung war.

Obwohl ich vom Ritzen bereits gehört hatte, war ich fassungslos und zutiefst verunsichert, als ich mit dem Phänomen selbst konfrontiert wurde. Dabei erinnere ich mich besonders an eine spezielle Situation: Eines der beiden Mädchen hatte am Tag zuvor geritzt. Als ich in die Zufluchtstelle kam, suchte sie meine Nähe und präsentierte mir demonstrativ ihre selbst zugefügten Wunden, ohne ein Wort zu sagen. Sie war mit einem ärmellosen Hemd bekleidet, so daß ich sehen konnte, daß die gesamte Hautfläche ihrer Arme mit unzähligen kleinen, bereits verschorften Schnitten übersät war. Sie kam ganz nah an mich heran und mir wurde klar, daß sie eine Reaktion von mir erwartete. Ich fühlte mich hilflos, weil ich nicht wußte, wie ich darauf reagieren sollte. Diese Situation wühlte mich sehr auf. Einerseits war ich erschüttert darüber, daß sie sich derart verletzt hatte und ich fragte mich, wie es wohl in ihr aussehen müsse, wenn sie sich so etwas antut. Andererseits fühlte ich mich provoziert und unter Druck gesetzt und spürte, daß sie von mir forderte, ihr meine uneingeschränkte Aufmerksamkeit zu widmen. Ich wußte, daß sie meine Zuwendung brauchte und ärgerte mich gleichzeitig darüber, daß sie mich mit ihrem demonstrativen Verhalten dazu zwang.

Dieses Erlebnis ging mir lange Zeit nach. Ich thematisierte es immer wieder in Gesprächen mit den Teamfrauen der Zufluchtstelle und in der Fallsupervision im Rahmen unseres Projektstudiengangs. Ich wollte verstehen, was in dem Mädchen vorging. Was veranlaßte sie dazu, derart massiv gegen ihren Körper vorzugehen? Warum war es ihr nicht möglich, sich auf andere Weise Zuwendung zu holen? Warum mußte sie sich gerade die Haut zerschneiden?

Ich wußte von dem Mädchen, daß sie in ihrer Geschichte sehr viel körperliche Gewalt erlebt hatte und daß sie sexuell mißbraucht worden war. In meinem Bedürfnis zu verstehen, schaute ich, ob in der einschlägigen Literatur zum sexuellen Mißbrauch etwas über das Ritzen zu finden sei. Ich stellte fest, daß in den Büchern diese Form der Selbstverletzung nur am Rande als eine der möglichen Spätfolgen behandelt wurde. Das reichte für eine umfassendere Auseinandersetzung nicht aus. Ich war neugierig geworden und wollte mehr wissen. So kam ich auf die Idee, das Ritzen zum Forschungsthema zu machen.

Bei der weiteren Literatursuche stellte ich fest, daß in den letzten Jahren relativ wenig Artikel zu diesem Thema veröffentlicht worden sind. Die Artikel, die sich ausdrücklich mit dem Ritzen befassen, entstanden hauptsächlich im Rahmen einer psychiatrischen Sicht. Ich kam zu dem Ergebnis, daß ritzende Mädchen und Frauen nicht zwangsläufig in einem psychiatrischen Setting behandelt werden müssen. Zudem fehlte mir bei dieser Herangehensweise eine Auseinandersetzung mit gesellschaftlichen Faktoren, die das Ritzen als autoaggressives Verhalten eventuell begünstigen. Ich nahm mir deshalb für meine Arbeit vor, mich sowohl mit dem Phänomen selbst zu beschäftigen und nach einleuchtenden Erklärungen dafür zu suchen, als auch die soziokulturellen Bedingungen zu untersuchen, in denen dieses Verhalten stattfindet und die es maßgeblich formen.

Zum Begriff Ritzen

Das Wort Ritzen beschreibt ein Verhalten, bei dem mit einem Gegenstand in die eigene Haut geschnitten wird. Die Begriffe Schnibbeln, Schneiden, offene Selbstbeschädigung der Haut und im Englischen cutting oder self-cutting werden synonym verwendet. In der medizinischen Terminologie wird das Ritzen häufig zu den artifiziellen, also künstlich herbeigeführten Störungen gezählt. Die Verletzung gilt dann als dermatologisches Artefakt und wird dem Bereich der Psychosomatik zugeordnet.

Ich selbst verwende durchgehend den Begriff Ritzen, weil ich das Phänomen unter diesem Namen kennenlernte. Dabei ist mir bewußt, daß er dem Verhalten nicht immer angemessen ist. Durch das Wort Ritzen entsteht eventuell die Assoziation einer kleinen Verletzung, die wie ein „zartes Graffitti“ auf der Haut wirkt. Die Mädchen schneiden sich teilweise aber so tief in die Haut, daß sie ärztlich versorgt werden müssen. In diesem Fall wäre es wohl treffender, vom Schlitzen zu sprechen.

In meinen Beschreibungen vermeide ich den Begriff „die Ritzerin“. Bei dieser Formulierung wird ein Verhaltensaspekt herausgehoben und zum vorrangigen Beschreibungsmerkmal einer Person gemacht. Wenn die Person selbst eine ihrer Verhaltensweisen derart ich-synton in ihr Selbstbild einbaut (vgl. Sachsse 1989), so ist das ihre Entscheidung. Ich selbst möchte diesen Begriff nicht für eine Gruppe von Mädchen und Frauen prägen, weil er impliziert, daß ihr Leben nur vom Ritzen bestimmt wird, daß sie kaum etwas anderes tun und daß alle ritzenden Mädchen gleich sind. Dies anzunehmen wäre völliger Unsinn; daß die Mädchen nicht alle gleich sind, bedarf keiner eingehenden Erläuterung. Die Mädchen und jungen Frauen versuchen, in ihrem Leben zurechtzukommen, dabei ergeben sich für sie ausgeprägte Problemkonstellationen. Trotzdem leben sie wie andere weibliche Jugendliche auch, sie haben vielfältige Interessen, Vorlieben, Wünsche, Phantasien und Hoffnungen. Sie tun viele Dinge und sie ritzen *auch*. Ich halte es deshalb für unberechtigt, die Mädchen auf dieses Verhalten zu reduzieren. Aus diesem Grund verwende ich die Formulierungen „Mädchen, die ritzen“ oder „ritzende Mädchen“.

2 Autoaggression und Aggression

Autoaggression

Auf der Suche nach einschlägigen Autoaggressionstheorien, die selbstverletzendes Verhalten schlüssig erklären, stieß ich auf Schwierigkeiten. Meines Wissens existiert kein Standardwerk, das sich ausführlich mit den Bedingungen der Autoaggression auseinandersetzt. Die Studien zu selbstaggressivem Verhalten bearbeiten i.d.R. Teilaspekte dieses Phänomens, ohne es in einen umfassenden theoretischen Rahmen zu stellen. Der Erklärungswert von Aggressionstheorien hört genau dort auf, wo Aggression in Autoaggression umschlägt. So mußte ich feststellen, daß Selbstdestruktionen - obgleich weit verbreitet - noch immer ein Stiefkind wissenschaftlicher Auseinandersetzung sind. Sie werden häufig als randständiges Phänomen betrachtet und allzu schnell mit mentaler Retardierung oder psychotischen Entwicklungen in Zusammenhang gebracht (und beides trifft für ritzende Mädchen und Frauen nicht zu). Dennoch war ich auf die begrenzte Autoaggressionsliteratur angewiesen. Bei meinen theoretischen Ausführungen stütze ich mich hauptsächlich auf den Ansatz der materialistischen Entwicklungstheorie von Wolfgang Jantzen und Wolfgang von Salzen (1986).

Autoaggressivität wird in der Regel als gesellschaftliches Störpotential angesehen, das den Ablauf des gesellschaftlichen Lebens mehr oder weniger stark beeinträchtigt oder sogar gefährdet. Insofern provoziert die Selbstverletzung die soziale Normalität. Das Phänomen wird üblicherweise als individuelles und vor allem biologisches Problem definiert. Die soziale Realität der Autoaggressivität wird damit negiert, obgleich sie einen sozialen Ausschluß erfährt und aus dem alltäglichen Leben möglichst verschwinden soll. Mit aggressiven Mitteln (Therapieformen, in denen der Wille der/des Betroffenen gebrochen wird, z.B. Festhaltetherapie oder auch bei Fixierungen im psychiatrischen Klinikalltag) sollen Personen, die sich autoaggressiv verhalten, dazu veranlaßt werden, dies zu unterlassen. Zu Grunde liegt ein Paradoxon: Gewalt gegen sich und andere wird individuell und kollektiv abgelehnt, obwohl beide permanent in unserer Gesellschaft praktiziert werden.

Selbstverletzendes Verhalten kann aber vor dem jeweils individuellen Hintergrund eine durchaus sinnvolle Tätigkeit sein, und Situationen, in denen eine Person autoaggressiv agiert, lassen sich auf ihre Bedeutung hin entschlüsseln. „Dabei gehen wir durchgängig von der Sinnhaftigkeit und Systemhaftigkeit des Aufbaus des Psychischen in der [autoaggressiven] Tätigkeit aus.“ (Jantzen/von Salzen 1986, S.1). Die Entschlüsselung der Botschaft selbstverletzenden Verhaltens erfordert neue Formen sozialer, solidarischer Lebenszusammenhänge (im Gegensatz zu einer streng medizinischen Herangehensweise), innerhalb derer die Betroffenen mit ihrer Geschichte und der damit verbundenen Autoaggression sein dürfen und akzeptiert und verstanden werden.

Die materialistische Entwicklungstheorie

Psychologische Grundlagen

Sowohl Aggressivität als auch Autoaggressivität können nur in der dialektischen Wechselbeziehung zwischen Individuum und Umwelt begriffen werden. Die Entwicklung des Kindes ist von der Art und Weise seines Aneignungsprozesses hinsichtlich der Umwelt abhängig. Damit ist es nicht das Produkt elterlichen Erziehungsverhaltens, sondern seine Eigenart hängt vielmehr von den Austauschprozessen im Rahmen der frühen Objektbeziehungen ab - vor allem von der zwischen Mutter und Kind. Jantzen und von Salzen legen das transaktionstheoretische Austauschmodell von Sameroff und Chandler (1975) zu Grunde, das besagt, daß der Kontakt zwischen Individuum und Umwelt ein Austauschprozeß ist, in dem es von der Umwelt beeinflußt wird, diese aber ebenso auch verändert. Ein Kind ist demnach von Beginn des Lebens an an der Ausformung sozialer Beziehungen beteiligt. Es ist von Geburt an lernfähig und all seine Entwicklungsschritte werden immer auch gesellschaftlich vermittelt. Mit seinen vielfältigen Tätigkeitskompetenzen beeinflußt es das Verhalten der Mutter. Die Qualität des Austauschprozesses zwischen Mutter und Kind in der frühen Kindheit ist für das Entstehen oder Nichtentstehen einer sicheren Bindung des Kindes ausschlaggebend. Autoaggressives Verhalten kann u.a. dann entstehen, wenn das Kind das Gefühl einer sicheren Bindung an die Mutter nicht entwickeln konnte. Die Qualität des Austauschprozesses wird folglich dahingehend bewertet, ob er ausreichend Sicherheit vermittelt. Das Austauschmodell erklärt aber nicht, was das Gefühl einer unsicheren Bindung für das Kind bedeutet und warum es gerade zu autoaggressivem, und nicht zu aggressivem Verhalten führt.

Zur Struktur der Störungsgenese

Jantzen und von Salzen gehen davon aus, „daß die Mutter als Realisator der Umweltbedingungen für den Aufbau von Tätigkeitskompetenzen [des Kindes, kt] eine große Rolle spielt.“ (ebd., S.22). Durch die gemeinsame Tätigkeit mit der Mutter wird bei günstigem Verlauf eine Beziehung aufgebaut und emotionale Sicherheit hergestellt. Die sichere Bindung ermöglicht dem Kind, seinem Explorationsbedürfnis nachzugehen und sich neugierig und spielend seine Umwelt anzueignen. In diesem Zusammenhang bedeutet Sicherheit die Abwesenheit von Angst. Die Ausprägung der

Angst innerhalb der Mutter-Kind-Beziehung formt die Handlungstendenzen des Kindes.

Bei Störungen in dieser frühen Zeit bestimmt die Angst des Kindes sein unsicheres Bindungsverhalten. Sie beeinträchtigt seine Auseinandersetzung mit der Umwelt, sein Erkundungsverhalten und sein Spiel. „Treten in diesem Prozeß, wo die erste Objektbeziehung aufgebaut wird, gravierende Störungen auf, so hat das für die psychische Entwicklung des Kindes verheerende Folgen, die sich allzu häufig in Form von Stereotypien oder Autoaggressionen zeigen." (ebd., S.22). Angst ist also ein entscheidender Faktor bei der Genese der Autoaggression. Phylogenetisch betrachtet werden Angstzustände bei fehlender Fluchtmöglichkeit ausgelöst und rufen körperliche Reaktionen wie Verstecken, aber auch Aggression und Autoaggression hervor.

Ausgehend von einer Hierarchie der Bedürfnisse manifestiert sich eine Störung in der frühen Kindheit dann, wenn primäre Bedürfnisse (Hunger, Durst, Angst- und Schmerzfreiheit) nicht angemessen erfüllt werden. Dies ist der Fall, wenn in der ersten Phase die Objekt- und Personenkonstanz nicht gewährleistet ist, oder wenn Situationsbedingungen der Struktur der Wahrnehmungsfähigkeit des Kindes widersprechen oder Angst auslösen. Überfordernde sensorische Überstimulation (wie z.B. dauerndes Fernsehen), widersprüchliches Beziehungsverhalten oder Deprivation unterbinden beim Kind das Neugierverhalten und damit die Entwicklung der dominierenden Tätigkeit. „Unter dominierender Tätigkeit wird jene Tätigkeitsform verstanden, die vorrangig in einer Entwicklungsphase zur Bildung und Umgestaltung der psychischen Vorgänge führt, zu grundlegenden Veränderungen der kindlichen Persönlichkeit (bzw. vor Entfaltung der Persönlichkeit zu grundlegenden Veränderungen der kindlichen Individualität)." (Jantzen 1980, S.15). Diese tätigkeitkeitsbezogene Auffassung trägt der Annahme Rechnung, daß das Kind nicht passiv heranreift, sondern in seinem Entwicklungsprozeß aktiv ist.

Vor allem unter deprivierenden und isolierenden Lebensbedingungen wird die Entwicklung der dominierenden Tätigkeit gehemmt, so daß der Austauschprozeß zwischen Kind und Umwelt massiv gestört oder sogar unterbrochen wird. In diesem Zusammenhang begreifen Jantzen und von Salzen (1986) den Prozeß der Störungsgenese als Adaptationsversuche des Organismus, die das Ziel verfolgen, die Realitätskontrolle wiederherzustellen.

Diese theoretische Konzeption möchte ich etwas veranschaulichen: Ein Kind lebt in deprivierenden Verhältnissen, in denen seine Grundbedürfnisse nur unzureichend gestillt werden. Es beginnt, gegen diese belastende Situation zu rebellieren, wofür es in der Folge bestraft wird. Die Bestrafung schränkt sein Neugierverhalten und die Entwicklung der die Persönlichkeit prägenden und dominierenden Tätigkeit (z.B. die Aneignung der Umwelt über das Greifen) ein. Darüber gerät das Kind mit seiner Umwelt in Konflikt. Wenn die Mutter als Objekt der Bedürfnisbefriedigung nicht verfügbar ist, verstärkt sich der Konflikt, während die isolierenden Bedingungen anhalten. Das Kind gerät zunehmend unter psychischen Streß. Die langanhaltende

Isolation oder Deprivation erfordert vom Kind eine langfristige Anpassung an diese Bedingungen. Die Adaptation kann nun zur Symptombildung führen. Die Flucht in das Symptom ermöglicht dem Kind, eine für sich erträglichere Rolle einzunehmen, in der seine Angst reduziert ist. Die Adaptation kann über Aggression im Sinn einer „negativen Emotion“ oder über autoaggressives Verhalten erreicht werden.

Isolation ist im Rahmen dieser Entwicklung der Ausdruck inadäquater Lebensbedingungen von Individuen. Sie überschreitet deren Stabilitätsgrenzen, in dem sie die individuellen inneren und äußeren Erfahrungen umfassend verändert und zu Anpassungs- und Kompensationsmaßnahem zwingt. „Das frühe Entstehen von Autoaggressionen fällt zusammen mit dem Enstehen der ersten Objektbeziehungen. Autoaggressive Tätigkeit ist daher eine spezifische Form der Aufnahme von Beziehungen zur objektiven Welt (hier dem eigenen Körper) unter Bedingungen der Isolation.“ (Jantzen 1986, S.48).

Erklärungswert der materialistischen Entwicklungstheorie

Inwiefern hilft nun die materialistische Entwicklungstheorie, das Ritzen als Phänomen bei Mädchen und Frauen zu erklären? Durch die Betonung der frühen Objektbeziehungen für die Entstehung von Autoaggressivität weichen Jantzen und von Salzen entschieden von einer biologistischen Betrachtungsweise ab, die die Ursache selbstverletzenden Verhaltens in genetischen oder in andersgearteten, auf das Individuum begrenzten Störungen sieht. Damit wird der Blick auf gesellschaftliche Lebensbedingungen möglich, in dem die kindliche Entwicklung im Sinne eines Vergesellschaftungsprozesses stattfindet. Das Individuum wird nicht isoliert oder losgelöst von seiner Umwelt betrachtet.

Der Ansatz erlaubt weiterhin, Autoaggression als sinnvolle Tätigkeit zu verstehen. In bestimmten Lebensverhältnissen ist sie eine angemessene aktive Anpassungsleistung, die das kindliche Überleben in anhaltenden Deprivationssituationen sichert. Die Selbstdestruktion übermittelt eine Botschaft, die wiederum auf inadäquate gesellschaftliche Entwicklungsbedingungen verweist.

Die Herausarbeitung von Angst als wichtigem Faktor bei der Entstehung autoaggressiven Verhaltens erscheint mir sinnvoll und realitätsnah, denn auch beim Ritzen spielt Angst eine erhebliche Rolle, wie ich weiter unten zeigen werde. Ebenso ist der damit verbundene Versuch, die Realitätskontrolle innerhalb schwieriger Lebenszusammenhänge aufrechtzuerhalten, ein bedeutsamer Aspekt, der beim Ritzen in verschiedener Hinsicht zum Tragen kommt.

Die Theorie erklärt das Entstehen von Autoaggressionen zur Zeit der frühen Objektbeziehungen. Mädchen, die ritzen, haben zwar ebenfalls schon tragische Erfahrungen in den Beziehungen ihrer Kindheit gemacht, sie verhalten sich aber i.d.R. erst in der Pubertät autoaggressiv. Der Erklärungsansatz von Jantzen und von

Salzen beschäftigt sich nicht damit, ob und inwiefern sich die Bedingungen von selbstverletzendem Verhalten in der Pubertät und im Erwachsenenalter verändern, und welche gesellschaftlichen Rollenerwartungen das Verhalten in dieser Zeit möglicherweise begünstigen.

Die vorliegende Theorie ließe sich m.E. ebenso als Aggressionstheorie lesen. Es wird davon ausgegangen, daß Aggression und Autoaggression gleiche Wurzeln haben, doch der Punkt, an dem Aggressivität in Autoaggressivität umschlägt oder warum sich das eine an Stelle des anderen entwickelt, wird zu wenig konkretisiert. An diesem Punkt scheint Jantzen lediglich auf seine Erfahrungswerte aufzubauen.

Zudem erklärt er die Entstehung von selbstverletzendem Verhalten nur für Kinder und Kleinkinder. Die Entwicklungsbedingungen scheinen seiner Meinung nach dabei für Jungen und Mädchen gleich zu sein. Dies gilt jedoch keineswegs für die Autoaggressivität in späteren Lebensabschnitten. Mädchen und junge Frauen, die ritzen, tun dies unter spezifischen gesellschaftlichen Bedingungen, die an ihr weibliches Geschlecht gebunden sind und sie agieren und empfinden dabei auf eine für Mädchen und Frauen typische Weise. Aus diesem Grund muß in die Auseinandersetzung mit dem Ritzen m.E. notwendig eine mädchen- und frauenspezifische Sichtweise eingeflochten werden. Doch bevor ich meinen Blick auf geschlechtsspezifische Bedingungen von Aggression und Autoaggression in unserer Gesellschaft richte, möchte ich noch kurz einige Einzelbefunde der Autoaggressionsforschung erwähnen, die mir hinsichtlich des Ritzens relevant erscheinen.

Einzelbefunde aus der Autoaggressionsforschung

Rohmann und Hartmann (1988) unterteilen Autoaggressionen in eine automatisierte und eine reaktive Form. Erstere ist unbewußt; die Selbstkontrollmechanismen sind dabei außer Kraft gesetzt und sie ist durch einen stereotypen Charakter gekennzeichnet. Bei der reaktiven Form wird das autoaggressive Verhalten bewußt eingesetzt, um etwas zu erreichen oder eine bestimmte Reaktion hervorzurufen.

Von Törne (1974) sieht in der Autoaggression immer eine Störung der Kommunikationsfähigkeit, wobei er Kommunikation als Mechanismus definiert, der dem Individuum dazu dient, sich mit seiner Umwelt auseinanderzusetzen und sich entsprechend von ihr abzugrenzen.

Carr (1977) geht davon aus, daß Autoaggression aus einer emotionalen Deprivation heraus darauf ausgerichtet sein kann, die Zuwendung anderer Personen auf sich zu ziehen. Zu den Funktionen selbstverletzenden Verhaltens zählt er deshalb: Aufmerksamkeit 15%, Vermeidung 40% und Selbststimulation 15%. Die restlichen 30% sind anderen Funktionen zuzuordnen. (nach Rohmann/Hartmann 1988, S.81).

Nissen (1975) versteht autoaggressive Handlungen als ungeleitete aggressive Akte, sozusagen als nicht zugelassene, nicht gewollte oder nicht gewagte Aggression.

Dabei erfolgt eine Identifikation mit dem Aggressor, ohne daß gewagt wird, die Aggressivität konkret gegen ihn/sie zu richten.

Dogs (1989) sieht in der Struktur des Menschen eine grundsätzliche Gespanntheit zwischen Verstand und Gefühl, die durch Erziehung und Gesellschaft beeinflußt wird. Die innere Spannung wird teilweise kaschiert, sie ist allerdings immer vorhanden. Bei Nichtverstehen des Gefühlpols wird sie zur Belastung und kann sich in Autoaggressivität umwandeln.

An dieser Stelle beende ich die Aneinanderreihung von Einzelaspekten zur Autoaggressivität. Dabei ist mir bewußt, daß sie zusammenhangslos nebeneinanderstehen, aber ich verzichte an dieser Stelle darauf, die Befunde einzeln zu kommentieren. In verschiedenen Abschnitten des Auswertungskapitels werden diese Aspekte ausführlicher behandelt. Die über die erwähnten Einzelaussagen hinausgehenden Ausführungen der Autoren (!) beziehe ich nicht in meine theoretischen Überlegungen ein, weil sie mir für das Ritzen unbrauchbar erscheinen oder weil ihre Interpretationen auf eine Art entstanden ist, die ich nicht nachvollziehen kann.

Aggression

Aggressive Männer und autoaggressive Frauen?

Psychologisches Alltagswissen beinhaltet die Vorstellung, daß Männer von Natur aus aggressiver sind als Frauen. Der Geschlechtsunterschied wird dabei - streng biologisch - an unterschiedlichen Hormoneinflüssen festgemacht. Die Produktion des Hormons Testosteron, die beim männlichen Geschlecht sechs mal so hoch ist wie bei Frauen, wird für männliches Aggressionsverhalten verantwortlich gemacht. Aus dieser biologistischen Betrachtung ergeben sich für die weitere Auseinandersetzung drei gedankliche Konsequenzen: (1) Männer können nicht dafür, daß sie häufiger aggressiv sind als Frauen, denn sie sind nicht in der Lage, sich über ihre biologische Determination hinwegzusetzen. Damit wird ihnen weitestgehend die Verantwortung für ihr aggressives Verhalten abgesprochen, selbst wenn es sich destruktiv gegen andere Personen richtet. (2) Die Aggressionsentwicklung von Mädchen und Frauen wird von männlichen Gegebenheiten abgeleitet, ihre geringere Testosteronproduktion führt eben nicht zu aggressivem Verhalten. Damit wird weibliches Verhalten in einer Negativkonstruktion durch etwas nicht oder kaum Vorhandenes erklärt. Die Erklärung ist männlich fixiert, wobei männlich mit menschlich gleichgesetzt wird. (3) Die sozialisationsbedingten Einflüsse auf die Entwicklung aggressiven und nicht-aggressiven Verhaltens bei Jungen und Mädchen (und später bei Männern und Frauen) werden negiert.

Feministische Theoretikerinnen - es sind tatsächlich überwiegend Frauen, die sich mit diesem Thema auseinandersetzen - gehen davon aus, daß gesellschaftliche Sozialisationsfaktoren für die Entwicklung und den Umgang mit aggressivem Verhalten geschlechtsabhängig zu erklären sind. Der Ausgangspunkt dieser feministischen Perspektive liegt in der wissenschaftstheoretischen Erkenntnis, „(...) daß männliche Einseitigkeit in der Sozialforschung das Leben der Frauen permanent unsichtbar gemacht hat, und daß wir aufgrund dieser Einseitigkeit weder das Handeln und Denken der Geschlechter noch die gesellschaftlichen Strukturen, in denen dies Handeln und Denken sich vollzieht, angemessen verstehen können." (Harding 1990, S.89).

Die Analyse geschlechtsspezifischer Sozialisationsbedingungen verläßt den Standpunkt, daß das Vorhandensein oder das Fehlen von Aggressionen naturgegeben sei. Sie postuliert im Gegenteil ein Vorhandensein von Aggressionen gleichermaßen für das weibliche und männliche Geschlecht, wobei die geschlechtsspezifischen Ausdrucksformen gesellschaftlich geprägt sind. Die sozialen Einflüsse werden i.d.R. zunächst durch die Familie vermittelt und in späteren Lebensabschnitten in außerfamiliären Rollenvorgaben und -erwartungen fortgeführt.

Familiäre Sozialisationsbedingungen

Margarete Mitscherlich (1992) versteht Sozialisation als „soziokulturelle Geburt" (ebd., S.33), durch die ein Individuum in Gesellschaftsstrukturen und Interaktionszusammenhänge hineinwächst. Sie sieht in ihrer Auseinandersetzung mit geschlechtsspezifischen aggressiven Reaktionsformen „(...) die Entwicklung der Aggression vom Anfang des Lebens an eng verbunden mit dem Verhalten der wichtigen ersten Objekte, vor allem dem der Mutter, die für die frühe Aggressionsentwicklung verantwortlich gemacht wird." (ebd., S.41). Die aggressive und sexuelle Triebentwicklung beider Geschlechter wird in hohem Maß durch nahestehende Menschen und deren Beziehung und Haltungen zum Kind geprägt. Die kindlichen Erlebnisse und Erfahrungen variieren dabei in geschlechtsspezifischer Hinsicht. Aggression spielt in den ersten Lebensjahren vor allem bei der Bildung des Überichs eine vorherrschende Rolle.

Die Ausbildung des Überichs, die Freud als Verinnerlichung der väterlichen Autorität faßte (ebd., S.11), geht immer mit Identifikationen einher. Die Identifikationsvorgänge beinhalten eine partielle Aufgabe des Objektes, d.h. die Liebe zu dem ersten Objekt tritt in den Hintergrund, wodurch beim Kind Aggression und Narzißmus entstehen. Nach Freud wird diese Verinnerlichung auf Grund von Kastrationsangst nur vom männlichen Geschlecht vollständig hergestellt. Der Junge, und später der Mann, „hemmt mit dieser Verinnerlichung väterlicher Verbote seine tödlichen Aggressionen seinem Vater gegenüber, indem er sie gegen das eigene Ich wendet. Das heißt, er leidet unter Schuldgefühlen und dem unbewußten Bedürfnis, sich selber zu bestrafen. Um diesem Leidensdruck zu entgehen, hat er die Neigung, Sündenböcke zu suchen, mit deren Hilfe er die eigenen abgewehrten, angsterregenden Aggressionen nach außen verschieben und auf andere projizieren kann." (M. Mitscherlich 1992, S.11). Mit der Projektion von Aggressionen nutzt das männliche Geschlecht einen Mechanismus, mit dessen Hilfe Aggressionen relativ gefahrlos und angstfrei nach außen gelenkt werden können, so daß die Schuldgefühle im weiteren nicht mehr wahrgenommen werden. Der mit den Schuldgefühlen verbundene Leidensdruck ist nicht mehr wirksam.

Da Aggression eng mit Kastrationsangst verknüpft ist, schreibt Freud Mädchen und Frauen eine geringere oder weniger strenge Überich-Bildung zu, das Überich bildet sich nur unvollständig aus. „Folglich sei sie [die Frau] auch weniger als der Mann der Neigung verfallen, angsterregende Gefühle, die sie in sich selber verabscheut, auf andere projizieren zu müssen, um selbstdestruktive Tendenzen abzuwehren (...)." (ebd., S.12). Mitscherlich geht nicht davon aus, daß das Überich bei Mädchen auf Grund der geringer ausgeprägten Kastrationsangst schwächer ist als bei Jungen. Sie verweist vielmehr auf eine geschlechtsspezifische Komponente bei der Überich-Entwicklung: der Ambivalenzkonflikt während dieser Entwicklung bildet sich „beim Mädchen weit stärker aus als beim Knaben, weil seine (die des Mädchens, kt) Rivalitätsaggression sich gegen die Mutter als dem ersten Liebesobjekt wende, das heißt, die Angst, durch seine Aggressionen einen überaus notwendigen und geliebten Menschen zu verlieren, kann für es überwältigend sein." (ebd., S.41). Daraus ergibt sich, daß es bei der weiblichen Überich-Bildung weniger um die strenge Einhaltung von Ver- und Geboten um ihrer selbst willen geht, als viel mehr um deren Einhaltung, um die Liebe nahestehender Menschen zu erhalten. Das Überich des Mädchens wird folglich von der Angst vor Liebesverlust (und nicht Kastrationsangst) geformt. In der daraus resultierenden Beziehungsabhängigkeit bleiben Frauen häufig ihr Leben lang verhaftet und sie versuchen, Aggressionen ihren Mitmenschen gegenüber zu unterdrücken, sobald sie ihrer Objektbezogenheit und ihrem Bedürfnis nach Liebe entgegenstehen. Sie bleiben damit auch vermehrt in ihre Schuldgefühle verstrickt. Männer hingegen können ihre Aggressionen ausleben, weil sie weniger beziehungsabhängig sind als Frauen. Dieser Geschlechtsunterschied wird zu jeder Zeit des Sozialisationsprozesses dadurch verfestigt, daß Jungen im allgemeinen Aggressionsausbrüche eher erlaubt werden als Mädchen, von denen schon früh erwartet wird, daß sie aggressive Tendenzen einschränken oder nach innen wenden.

Semantische Betrachtung des Begriffs Aggression

Bevor ich die Geschlechtsgebundenheit aggressiven Verhaltens weiter ausführe, möchte ich kurz zwei verschiedene Aspekte der Aggression darstellen. Aggression gehört zur Grundausstattung menschlicher Gefühle und ist nicht nur negativ zu interpretieren. Das Wort Aggression (lat.: *aggredi*) „bedeutet einerseits 'herangehen' im Sinn eines aktiven, zielgerichteten Zugehens auf die Welt - eine Kraft, die für jemanden oder etwas eingesetzt wird. Andererseits bedeutet aggredi 'angreifen' - eine Kraft, die gegen jemanden oder etwas gerichtet wird.“ (Kost 1992, S.91). Während die erste Form ein positives, nicht feindseliges Verhalten kennzeichnet, verstehen wir unter der zweiten Form verbale oder körperliche Gewalttätigkeit. Sie ist eindeutig feindselig - wenn nicht sogar sadistisch - und wird negativ bewertet.

Gesellschaftliche Bedingungen aggressiver Ausdrucksformen

„Die passiv-aggressive, abhängige und leidensbereite Haltung der Frau wird durch die geschlechtsspezifische Sozialisation begünstigt, die dem Mann nach wie vor Aggression, Selbstbehauptung, Gefühlsabwehr offen zugesteht, der Frau aber unverändert die Rolle der sich Anpassenden, Gefühlvollen und Dienenden zuweist.“ (Mitscherlich 1992, S.16). Aggression und ihre entsprechenden Ausdrucksformen werden demzufolge zum männlichen Verhaltensrepertoire gezählt, in bestimmtem Maß wird sie sogar als Attribut von Männlichkeit interpretiert. Männer, die sich nicht durchsetzen können oder wollen, gelten als weich und unmännlich. Die gesellschaftliche Vorgabe zeigt sich z.B. darin, daß Männern eher aggressive Ausdrucksformen zugestanden werden als Frauen. Ihr berufliches Fortkommen erfordert oftmals aggressives Durchsetzungsvermögen, sie stehen häufig in Positionen, in denen sie die Macht über andere Personen innehaben. In der Familie gelten sie nach wie vor als Oberhaupt, das die Grundzüge des Familienlebens bestimmt, auch wenn der Frau die Aufzucht der Kinder und die Erledigung der Hausarbeit obliegt. In der Freizeit bieten beispielsweise gefährliche Sportarten oder rasantes Autofahren eine Möglichkeit, Aggressionen abzureagieren. In all diesen Ausdrucksformen bringen Männer ihre Aggressionen zwar in sublimierter Form nach außen, verfügen damit aber über Ausdrucksmöglichkeiten, die ihrem männlichen Geschlecht nicht entgegenstehen.

Von Frauen wird hingegen weitgehend erwartet, daß sie sich (männlichen Vorstellungen) anpassen, dienen und die Gefühlsarbeit leisten. Die gesellschaftliche Zuweisung hält für Frauen weniger akzeptable Formen des aggressiven Ausdrucks bereit. Angesichts der traditionellen Rollenvorgabe bleiben der Frau verschiedene Möglichkeiten: Sie kann sich konsequent darüber hinwegsetzen, sie kann sich in ihre Rolle fügen oder sie kann zwischen den beiden genannten Polen nach situativ wechselnden Lösungen suchen. Viele Frauen bewegen sich mit ihrem Verhalten in der kaum definierbaren Grauzone zwischen Rollenkonformität und rigoroser Ablehnung der typischen Frauenrolle. Im weiteren werde ich dennoch nur auf die Konsequenzen der beiden Extreme eingehen, da ich die Vielzahl der individuell variierenden Entscheidungsmöglichkeiten von Frauen hier nicht ausführen kann.

Macht eine Frau beispielsweise beruflich Karriere und besetzt eine Führungsposition, die ein gewisses Durchsetzungsvermögen impliziert, so gilt sie schnell als machtgierig und unweiblich, ihre Kompetenzen werden angezweifelt. Ihr Verhalten wird anders bewertet als das eines Mannes in ähnlicher Position. Die gesellschaftliche Bewertung ist dazu geeignet, die Frau in ihre herkömmliche Rolle zurückzudrängen. Die Karriere-Frau ist weniger beziehungsorientiert als es Frauen üblicherweise sind, und sie muß - psychoanalytisch gesprochen - für die Ablehnung der ihr zugedachten Rolle mit Liebesverlust rechnen. „Eine solche Frau ist oft nicht nur dem Haß der Männer, sondern auch dem der Frauen, die sich machtlos fühlen, ausgesetzt." (M. Mitscherlich 1992, S.9). Konservative Psychoanalytiker würden eine solche Frau sogar mit dem Stempel „phallische Frau" abqualifizieren, weil sie ihr unterstellen, in der Phantasie zu leben, daß keine Geschlechtsunterschiede existieren[1].

Frauen können für sich natürlich auch männliche Formen aggressiven Ausdrucks wählen, dabei laufen sie aber immer Gefahr, als männlich zu gelten. Ihre weibliche Sozialisation hindert sie i.d.R. daran, sich auf typisch männliche Weise zu verhalten, denn männliche Aggressionsformen widersprechen ihrem von Kind an erlernten Umgang mit Aggressionen. Frauen haben deshalb wohl kaum das Gefühl, z.B. bei rasanten Autofahrten ihre Aggressionen adäquat nach außen zu bringen.

Wenn sich die Frau rollenkonform verhält, ergeben sich für sie eine Reihe von Konsequenzen. Sie macht ihre Familie zum zentralen Ort ihrer Aktivitäten und „opfert" sich mehr oder weniger dem Mann und ihren Kindern, worin auch nicht zu übersehende positive Qualitäten liegen. Die Frau bleibt die hauptverantwortliche Hüterin des Familienwohls, auch wenn sie einer beruflichen Tätigkeit nachgeht. Dabei wird von ihr verlangt, daß sie die Doppelbelastung von Haushaltsführung und Berufstätigkeit stillschweigend erträgt, ohne aggressiv zu sein. Sie ist weitgehend gezwungen, ihre Aggressionen zu unterdrücken, so wie sie es aus ihrer Kindheit gewohnt ist. Damit sind diese allerdings nicht eliminiert, sie bleiben vielmehr virulent und werden nur nicht ausgedrückt. Vielen Frauen mag es gelingen, ihre Aggressionen in dieser Lebenssituation in Schach zu halten.

Allerdings löst bei ihnen das Erleben aggressiver Gefühle gegenüber ihnen nahestehenden Personen häufig starke Schuldgefühle aus. „Männer haben, das bestätigen zahlreiche Beobachtungen, eine stärkere Neigung, ihre Schuldgefühle zu verleugnen und zu verdrängen, als Frauen, die ihnen oft hilflos ausgeliefert sind. (...) Die tiefe Angst, die Liebe der Menschen, die einem am nächsten stehen, durch seine Aggressionen und Entwertungstendenzen zerstört zu haben, sind besonders für Frauen oft kaum zu bewältigen." (ebd., S.16). Schuldgefühle führen bei Frauen z.B. häufig zu Depressionen, die letztlich als Aggressionsform zu verstehen sind, bei denen die aggressiven Impulse gegen die eigene Person gerichtet werden. Die Schuldgefühle basieren auf der weiblichen Trennungsangst, die die Entwicklung aggressiver Aus-

[1] Kritische Stimmen werden anmerken, daß viele Frauen einer Erwerbstätigkeit nachgehen. Sie arbeiten dabei i.d.R. aber entweder in untergeordneten Positionen oder typischen Frauenberufen, die im weitesten Sinn auf die Sorge um andere Personen konzentriert sind. Damit bleiben Möglichkeiten begrenzt, nicht feindselige Aggressionen auszuleben.

drucksformen verhindert, und können erfolgreich ausgebeutet werden. Frauen machen sich in der Folge von der Meinung und Zuwendung ihrer Mitmenschen abhängig, um diese Schuldgefühle nicht haben zu müssen.

In der beschriebenen Konstellation erfüllen die Frauen einen Aspekt der Rollenzuweisung, den Bilden (1994) wie folgt charakterisiert: „Frauen sollen unabhängig wirken, aber abhängig von der Akzeptierung durch Männern bleiben." (ebd., S.171).

Frauen neigen häufig dazu, unterschwellige Aggressionen in eine Vorwurfs- oder Opferhaltung zu verwandeln, die dann im Sinne einer passiven Aggression ausgelebt wird. Die indirekte Aggressionsausübung wird für diejenigen, die sie ertragen müssen, aber letzten Endes auch für die Frau selbst, zur Belastung, weil sie diffus und unkonkret bleibt. Die eigenen aggressiven Anteile sind dabei kaum wahrzunehmen.

Frauen verarbeiten ihre Aggressionen teilweise nach einem (männlichen) Muster, indem sie offensiv gewalttätig werden. Dieses Verhalten wird bei Frauen gesellschaftlich weniger toleriert als bei Männern. Feindselig-aggressives Verhalten von Männern wird in unserer gesellschaftlichen Praxis eher als antisozial oder kriminell eingestuft, sofern es gewisse, nicht klar definierte Grenzen überschreitet. Verhalten sich Frauen in derselben Weise, so wird ihre Aggression als individuelles Problem gewertet und ihr Verhalten als pathologisch eingestuft. Immer wieder läßt sich beobachten, daß Gewalttätigkeit bei Männern eher kriminalisiert wird, während entsprechendes Frauenverhalten pathologisiert und damit auch individualisiert wird. In dieser Tendenz zeigt sich ein weiteres Mal die geschlechtsabhängige Bewertung aggressiven Verhaltens in unserer Gesellschaft. Das Stigma, psychisch krank zu sein, ist dabei für die weitere Lebensgestaltung schwerwiegender als die Zuschreibung, straffällig geworden zu sein. Diese Zuschreibungspraxis legt hinsichtlich der Verantwortung für das eigene Verhalten unterschiedliche Implikationen nah: Kriminelle werden i.d.R. für ihr Verhalten verantwortlich gemacht, während psychisch Kranken diese Verantwortung abgesprochen wird, wodurch sie weniger ernst genommen werden. „Einem Menschen, dem man die Möglichkeit abspricht, schuldig werden zu können, tut man keinen Gefallen. Es mag aussehen wie Güte und Nachsicht, aber man entwürdigt ihn. Man entzieht ihn der Gerechtigkeit, und also entzieht man ihn auch der Vergebung. Man nimmt ihm die Würde, Mensch zu sein." (Geissler 1996, S.6).

Gegen sich selbst gerichtete Aggression

Autoaggressionen verweisen darauf, wie in der gesellschaftlichen Praxis mit Aggressionen umgegangen wird. In „zivilisiert"-westlichen sozialen Bezügen hat aggressives Verhalten nur wenig Platz, es muß unterdrückt oder in anderen Handlungen sublimiert werden. Neben dieser Beschränkung erfahren Frauen eine weitere Einengung, indem sie dahingehend sozialisiert werden, sich anderen Menschen und sozialen Verhältnissen und Normen anzupassen. Sie neigen in Ermangelung ihnen angemessener aktiver Ausdrucks- und Auseinandersetzungsformen eher dazu, ihre Aggressionen gegen sich selbst zu richten[2]. „Frauen versuchen deshalb, ihre Konflikte *unauffälliger* (herv. von mir, kt) und in einem sozial anerkannten und legalen Rahmen zu lösen." (Soltau 1988, S.18). Zu unauffälligen Konfliktlösungsstrategien gehören z.B. Depressionen oder Suchtmittelabhängigkeit von legalen Drogen, bei beiden richten Frauen ihre Aggressionen unbewußt gegen sich selbst. Die offensichtlichste Form, sich selbst als Aggressionsobjekt zu wählen, zeigt sich jedoch im autoaggressiven Verhalten. Autoaggressionen stellen trotz der enormen Aufmerksamkeit, die sie erregen, eine defensive Verarbeitungsform dar, die deshalb als unauffällig gewertet werden kann, weil sie eben nicht nach außen gegen Personen oder Dinge gerichtet wird. Das Kriterium „unauffällig" wird dabei durch die Zielrichtung des Verhaltens definiert.

Der Aggressionsausbruch bezieht sich auf den eigenen Körper, insofern ist die Autoaggression eine isolierte, privatistische Verarbeitungsform. Nach Jansen und Nemitz (1986) bietet sich der Körper zur Vereinzelung an. Sie verstehen (in Anlehnung an Piven und Cloward 1984) die durchschnittlichen Abweichungsformen von Frauen (Krankheit, Depressionen, Prostitution, Alkohol-, Drogen- und Medikamentenabhängigkeit) als *individualistisch* und *selbstzerstörerisch*, während Männer eher kollektive und aggressive Abweichungsformen (Gewalt, Überfälle, Raub) zeigen. Diese schematische Einordnung möchte ich eher als gesellschaftlich geprägte Tendenz sehen, denn auch Männer werden alkohol- und drogenabhängig oder depressiv. Die Häufigkeitsverteilung[3] bei diesen Phänomenen und der (medizinische) Umgang[4] damit differieren jedoch zwischen den Geschlechtern. Die These von Jansen und Nemitz verweist allerdings darauf, daß die Geschlechtszugehörigkeit den Rahmen der möglichen Abweichungsformen absteckt. Der eher für Frauen typische, individualistische Verarbeitungsmodus spiegelt die Isolation wider, in der sich Frauen in traditionellen Familienstrukturen mehr oder weniger befinden.

Ritzende Mädchen und junge Frauen greifen - dieser Argumentation zufolge - im Umgang mit ihren Aggressionen und Schuldgefühlen zu einer typisch weiblichen Verarbeitungsform. Ihr autoaggressives Verhalten ist defensiv und individualistisch und wird gesellschaftlich als pathologisch bewertet. Es findet in einer gesellschaftlichen Anordnung statt, die patriarchale Herrschaft strukturell verankert und Gewalt gegen Mädchen und Frauen als Gegebenheit toleriert: „Solange sich Frauen nicht das Recht herausnehmen, wütend zu sein, und solange Männergewalt gesellschaftliche

---

[2] Frauen werden eher aus Gründen der Selbstgefährdung als aus Gründen der Fremdaggressivität in die Psychiatrie eingewiesen (vgl. Esser/Bohlmann 1993).

[3] Z.B. sind schätzungsweise 30% aller alkoholabhängigen Menschen in unserer Gesellschaft Frauen (vgl. Soltau 1988).

[4] Etwa 70% aller Psychopharmaka werden an Frauen verschrieben (vgl. Soltau 1988).

Normalität ist, sind Frauen dazu angehalten, ihre aggressiven Gefühle gegen sich selber zu wenden anstatt gegen ihre Mißhandler.“ (Freytag 1992, S.26).

Ritzen als typisch weibliches Verhalten

Bei der Beobachtung des Phänomens Ritzen wird immer wieder klar, daß die Mädchen und Frauen nicht wagen, ihre Aggressionen gegen die äußeren Objekte zu richten, die diese ursprünglich auslösten. Statt dessen wenden sie ihre Aggressionen nach innen und kämpfen sie mit sich und ihrem Körper aus. Währenddessen werden aber nicht nur aggressive Impulse ausgelebt, sondern Ritzen bietet auch die Möglichkeit, mit massiven Schuldgefühlen umzugehen. Schuldgefühle, die durch Aggressionen oder Entwertung anderen gegenüber entstehen, werden beim Ritzen insofern vorübergehend reduziert, als daß es ein Verhalten ist, bei dem sich Mädchen und Frauen bestrafen. Wenn sie die Strafe für die Schuld ertragen, verringert sich in der Folge - allerdings nur kurzfristig - das Ausmaß der Schuldgefühle.

Die geschlechtsspezifischen Bedingungen aggressiver Ausdrucksformen veranlassen Mädchen und Frauen dazu, Aggressionen eher gegen sich selbst zu richten und Schuldgefühle mit sich auszutragen. Ritzen ist ein autoaggressives Verhalten, das genau durch diese gesellschaftlichen Zusammenhänge geformt wird, so daß es als mädchen- und frauenspezifische Verarbeitungsform zu interpretieren ist, die eindeutig als pathologisch kategorisiert wird.

Es gibt auch Jungen und Männer, die ritzen. Das spricht allerdings nicht gegen die Vermutung, daß Ritzen ein typisch weibliches Verhalten ist. Sie greifen vielmehr, trotz ihres männlichen Geschlechts, zu einem weiblichen Verarbeitungsmodus, um mit ihren Aggressionen umzugehen. Entsprechend der gesellschaftlichen Bewertung dieses weiblichen Verhaltens wird das Ritzen auch bei Jungen und Männern als pathologisch eingestuft, denn sie agieren in einer für das männliche Geschlecht untypischen Weise.

Ritzen - eine weibliche Perversion?

Louise J. Kaplan (1991) beschreibt in ihrer Studie über weibliche Sexualität Selbstverstümmelungen im Rahmen des Konzepts der Perversion. Eine Perversion ist eine unbewußte, psychische Strategie, die immer eine Inszenierung oder Darstellung nach außen erfordert. In der Darstellung setzt die betreffende Person soziale Stereotype von Männlichkeit und Weiblichkeit ein, die über die tatsächlichen, unbewußten Bedeutungen des Verhaltens hinwegtäuschen sollen. Nach Kaplan ist die Täuschung das wesentliche Merkmal einer Perversion, sie besteht vor allem darin, von latenten Motiven, Wünschen, Bedürfnissen und Phantasien abzulenken.

„Eine perverse Handlung wird von einer Person ausgeübt, die keine andere Wahl hat, die andernfalls von Ängsten oder Depressionen oder einer Psychose überwältigt werden würde.“ (ebd. S.19). Das Verhalten dient unbewußt dem Zweck, nicht bewältigte Kindheitstraumata im Nachhinein erträglich zu machen. Mit viel Energie wird versucht, die Emotionen und Affekte zu beherrschen, die während der Schrecken, Kränkungen und Verletzungen der Kindheit überwältigend waren. Zudem stellt Kaplan die These auf, daß Perversionen immer auch pathologische Formen der Geschlechtsidentität und der Sexualität enthalten.

Solange eine Perversion manifest ist, ist sie als zentrale Handlung unausweichlich und beständig im Leben der Person. Im Gegensatz zu einer Zwangshandlung hat die AkteurIn einer perversen Handlung das Gefühl, etwas moralisch Verwerfliches zu tun. Das Trotzen gegen Moralvorstellungen sorgt dafür, tatsächliche Scham, Angst und aggressiv-feindselige Impulse unbewußt zu halten.

„In den Szenarios der Selbstverstümmelung, (...), wird die perverse Strategie als Methode eingesetzt, dem während der Adoleszenz stattfindenden, den Erwartungen entsprechenden, emotional aber trotzdem schmerzhaften Prozeß des Trauerns um die verlorenen Illusionen der Kindheit zuvorzukommen.“ (ebd., S.387). Damit kann das Mädchen den Entwicklungsschritt, mit Hilfe dessen das Wertvolle in der Beziehung zu den Eltern bewahrt und infantile Idealisierungen aufgegeben werden, nicht vollziehen. Sie bleibt auf das psychische Niveau der Kindheit fixiert, auf dem Illusionen, Hoffnungen und Träume das Leben vorübergehend erträglich machen.

Jugendliche, die sich selbst verstümmeln, haben in ihrer Kindheit Verluste und Traumata erlitten; durch ihre aktive, trotzige Selbstverletzung wird es möglich, die Konfrontation mit diesem passiv erlittenen Trauma zu vermeiden.

Kaplan geht davon aus, daß nicht das Verhalten an sich, sondern die begleitende mentale Strategie und die unbewußte Phantasie bestimmen, ob eine Handlung pervers ist: „Der Verdacht, daß eine Verhaltensweise pervers sein *könnte*, ist nur gerechtfertigt, wenn sie dazu dient, Angst und Scham zu mildern.“ (ebd., S.391). Die Atmosphäre von Heimlichkeit und Verbotenem, in der Mädchen sich selbst verletzen, weisen auf die perverse Natur des Verhaltens hin.

Inwiefern fördern nun die zentralen Aussagen Kaplans das Verständnis von weiblichen Selbstverletzungen? Die psychoanalytische Setzung einer unbewußten psychischen Strategie, die der Selbstverletzung zu Grunde liegt, ermöglicht, Ritzen als Überlebensstrategie mit selbstfürsorglichen Elementen zu begreifen. Diese Selbstfürsorge ergibt sich aus der Abwehr von Emotionen und Affekten, die das Selbst massiv bedrohen. Ihre Bedrohlichkeit wurzelt in unverarbeiteten Traumata der Kindheit. Kaplans Ansatz hilft, das zunächst einmal unverständliche Verhalten zu erklären. Die Erklärung bleibt auf die individualpsychologische Ebene begrenzt.

Ich halte es im Bemühen darum, ein sich ritzendes Mädchen zu verstehen, für hilfreich, Biographisches einzubeziehen und die individuelle Dynamik des Geschehens zu ergründen. Dieses Vorgehen macht für mich aber nur Sinn, wenn ebenso gesellschaftliche Machtverhältnisse mitgedacht und analysiert werden, in denen Kinder und Jugendliche traumatisiert werden und innerhalb derer zu späteren Zeitpunkten die Dynamik des vergangenen Traumas möglicherweise wiederholt und selbstverletzendes Verhalten bei Mädchen und Frauen begünstigt wird.

Den Begriff der Täuschung halte ich bei der Erklärung des Selbstverletzungsgeschehens für unpassend. Er führt in die Irre, da die Wortbedeutung eine bewußte Absicht nahelegt, die - wie Kaplan richtig ausführt - beim Ritzen in aller Regel nicht gegeben ist. Für den Kontakt mit sich ritzenden Mädchen hat es fatale Konsequenzen, wenn Ritzen als Täuschungsmanöver verstanden wird: In der Interaktion entsteht als Gegenübertragungsgefühl Wut, wenn über das „scheinbar Wahre" hinweggetäuscht werden soll. Wut und Ärger entstehen im Kontakt mit ritzenden Mädchen ohnehin; eine Arbeitshaltung, die u.a. auf dem Täuschungsbegriff aufbaut, wird diese aber zusätzlich hervorrufen. Für eine gesellschaftskritische Sicht ist der Begriff der Täuschung unbrauchbar. Selbstverletzungen sind im Gegenteil ein deutlicher Hinweis auf zerstörerische Lebensbedingungen und mangelnde Ausdrucksformen für aggressive Impulse von Mädchen und Frauen.

Dem Aspekt, daß die Heimlichkeit, in der das Ritzen stattfindet, auf dessen perverse Natur verweise, kann ich nicht folgen. Dieser Gedankengang ignoriert den Beziehungskontext der Selbstverletzung. Aber gerade in der Beziehung wird die Heimlichkeit für das sich ritzende Mädchen zur Notwendigkeit, wenn sie fürchten muß, mit ihrem Verhalten nicht akzeptiert zu werden. Wenn selbstverletzendes Verhalten sogar ausdrücklich untersagt wird, bleibt der Betreffenden keine andere Wahl, als ihre Autoaggression zu verheimlichen.

Das Konzept der Perversion ist m.E. für ein umfassendes Verständnis des Ritzens wenig erhellend; unter dem Aspekt, daß das Wort Perversion mit Abartigkeit assoziiert wird, hat es im Gegenteil ausgrenzenden und abwertenden Charakter. Die gesellschaftlich hervorgerufene Strategie, weibliche Autoaggressionen zu pathologisieren und zu stigmatisieren wird dadurch ein weiteres Mal gefestigt.

3 Die Methode

Die Interviewpartnerinnen - ritzende Mädchen oder Expertinnen?

Anfangs hatte ich den Wunsch, das Ritzen aus der Sicht der Mädchen und Frauen zu betrachten, die sich selbst auf diese Art verletzen oder verletzt haben. Die eigentlichen „Ritzexpertinnen“ müßten doch am ehesten dazu beitragen können, eine Vorstellung darüber zu vermitteln, was es bedeutet zu ritzen und welche Gefühle und Gedanken damit verbunden sind. Ich hoffte, mit Hilfe der subjektiven Beschreibungen von Mädchen ihre Selbstverletzung verstehen zu können.

Aus meiner Arbeit in der Zufluchtstelle kannte ich zwei Mädchen, die immer wieder exzessiv ritzten. Zu beiden hatte ich einen guten und ziemlich engen Kontakt aufgebaut. Ich erklärte ihnen mein Anliegen und fragte sie, ob sie bereit wären, mit mir ein Interview zum Thema Ritzen durchzuführen. Sie brauchten Bedenkzeit. Einerseits waren die Mädchen dem Thema gegenüber sehr aufgeschlossen, andererseits fiel mir auf, daß sie - verständlicherweise - Angst hatten, darüber zu sprechen. Dennoch sagten mir beide nach geraumer Zeit zu, was ich sehr mutig fand und ihnen hoch anrechne. Aber ich konnte mich des Eindrucks nicht erwehren, daß sie es mir zuliebe taten. Die Motivation, mir einen Gefallen zu tun, schien mir allerdings für die Auseinandersetzung mit dem für sie sehr heiklen Thema nicht günstig, so daß ich meine Entscheidung, Mädchen zu befragen, noch einmal gründlich in Frage stellte.

Letztlich sprachen mehrere Gründe für mich dagegen, Mädchen zu interviewen: Es hätte mich interessiert, von den Mädchen zu hören, wie sie sich ihre Selbstverletzungen im Zusammenhang mit ihren Lebenserfahrungen erklären. Ich wußte, daß die Lebensgeschichte der beiden Mädchen äußerst tragisch verlaufen war. Deshalb befürchtete ich, daß die Interviews diese Erfahrungen herausbrechen lassen und die Mädchen aufwühlen würden. Für diesen Fall wäre es absolut notwendig gewesen, daß sie in einer Umgebung gelebt hätten, in der sie beim Hochkommen schmerzlicher und bedrohlicher Gefühle aufgefangen und gestützt worden wären. Da nicht sicher war, ob die Mädchen zum Zeitpunkt der Interviews noch in der Zufluchtstelle oder bereits in einer anderen Einrichtung leben würden, sah ich dieses unabdingbare Kriterium nicht erfüllt. Ich war mir dessen bewußt, daß es unverantwortlich wäre, die Mädchen mit ihren Gefühlen nach dem Interview allein zu lassen. Gleichzeitig sah ich mich nicht in der Lage, ihre Betreuung danach selbst zu übernehmen. In dieser Situation konnte ich nicht sicher sein, daß mein Forschungsinteresse dem schwierigen Verarbeitungsprozeß der Mädchen nicht geschadet hätte.

Zwei Interviews hätten für den Umfang meiner Untersuchung nicht ausgereicht, denn ich wollte keine Einzelfallanalysen machen. So hätte ich noch andere Mädchen suchen müssen, die zu einem Interview mit mir bereit gewesen wären. Sicherlich hätte ich dafür ehemalige Bewohnerinnen der Zufluchtstelle ausfindig machen können, von denen bekannt war, daß sie ritzen. Ich zweifelte aber an dem Sinn dieses Vorgehens, denn diese Mädchen kannten mich nicht und hätten zu mir kein Vertrauen haben können. Eine zumindest einigermaßen vertrauensvolle Beziehung ist jedoch die einzige Basis, auf der ein Interview mit betroffenen Mädchen über das Ritzen geführt werden kann.

Für mich war darüber hinaus klar, daß es den Mädchen möglich sein muß, das Interview jederzeit abzubrechen, sobald es für sie zu anstrengend und vor allem zu bedrohlich wird. Für einen solchen Fall hätten wir ein Zweitinterview vereinbaren müssen, wobei die Mädchen dafür selbst den Zeitpunkt hätten bestimmen müssen. Das erschien mir für mein Vorgehen nicht praktikabel.

Neben subjektiven Berichten zum Thema Ritzen interessierte mich der Austausch über theoriegeleitete Fragestellungen: Welche Psychodynamik ist hinter dem Ritzen zu sehen? Inwiefern läßt sich eine Verbindung vom Ritzen zu gesellschaftlichen Bedingungen herstellen? Ich konnte davon ausgehen, daß mir Mädchen zu solchen Themen nichts erzählen würden. In der narrativen Interviewform, die ich für die Mädcheninterviews gewählt hätte, entscheiden die InterviewpartnerInnen selbst, was im Zusammenhang mit dem Thema relevant und erzählenswert ist. Die IntervierIn fragt lediglich bei Verständnisschwierigkeiten nach. Ich vermutete, daß sich Mädchen und junge Frauen zu derartigen Fragen keine Gedanken machen, weil das eine gewisse Distanz zum Ritzen erfordern würde, die sie nicht haben.

Nach einem schwierigen Entscheidungsprozeß kam ich zu dem Ergebnis, statt Mädchen, Expertinnen zu befragen, die im Verlauf ihrer Arbeit Mädchen kennengelernt hatten, die ritzen.

Trotzdem wollte ich mich nicht ganz von dem Vorhaben verabschieden, über die Gefühle und die Befindlichkeit beim Ritzen zu schreiben. So stellte ich den Expertinnen auch Fragen zu diesen Aspekten. Dabei war mir klar, daß ihre diesbezüglichen Aussagen immer Informationen aus zweiter Hand sein würden, die aus zahlreichen Gesprächen mit Mädchen stammen, die ritzen.

Für die Auseinandersetzung mit den theoriegeleiteten Fragen verfügen die Expertinnen aber über eine ausreichende Distanz zum Thema, so daß ich vermutete, daß sie in den Interviews ausgiebig darüber sprechen würden. Ich erwartete, daß sie sich auf Grund ihrer meist mehrjährigen Erfahrung mit ritzenden Mädchen und Frauen eine eigene Theorie über das Ritzen gebildet hätten, die sich mehr oder weniger an bekannte psychologische Theorien anlehnen würde. Diesen langjährigen Erfahrungsschatz wollte ich als Grundlage für meine Analyse nutzen.

Reflexion zur Wahl der Interviewpartnerinnen

Meine ursprünglichen Bedenken im Hinblick auf die Informationen aus zweiter Hand zerstreuten sich im Verlauf meiner Untersuchung. Bei der Auswertung der Interviews stellte ich fest, daß die Passagen, in denen es um Erlebnisqualitäten beim Ritzen geht, in den verschiedenen Interviews inhaltlich große Ähnlichkeiten aufweisen. Diese Übereinstimmungen hielt ich nicht für ein Zufallsprodukt, sondern verstand sie vielmehr als eindeutige Tendenz, die im Erleben des Ritzens zu liegen scheint. Im Vergleich mit der Literatur zu dem Thema bestätigte sich diese Tendenz.

Trotzdem war ich mir immer der Tatsache bewußt, daß die Ausführungen der Expertinnen nicht für alle Mädchen und Frauen zutreffen müssen, die ihre Haut verletzen. Von subjektiven Beschreibungen aus Interviews mit Mädchen hätte aber im Sinne einer Generalisierung ebenso wenig auf das Erleben der Gesamtheit aller ritzenden Mädchen geschlossen werden können. Denn „Es gibt keine überindividuellen und ahistorischen Dimensionen in weiblichen Lebenszusammenhängen, die sich abstrakt verallgemeinern ließen." (Becker-Schmidt/Bilden 1991, S.23). Daher kam ich zu der Überzeugung, daß meine Wahl der Interviewpartnerinnen der Erforschung des Themas angemessen ist und daß der Blick auf erlebnisbezogene Aspekte des Ritzens dadurch - wenn überhaupt - nur unwesentlich verzerrt wird.

Ich bin dennoch nach wie vor der Meinung, daß es interessant wäre, Mädchen und junge Frauen zu diesem Thema zu hören. Wie sehen sie das Ritzen, wie erleben sie sich dabei, welche Erfahrungen haben sie damit gemacht? Dabei halte ich es für sinnvoll, sowohl ihrer Subjektivität Raum zu geben, als diese auch für ein differenzierteres Verständnis des Ritzens zu nutzen. Sie würden andere Worte bei der Beschreibung wählen und wahrscheinlich andere Schwerpunkte setzen. Manchmal stellte ich mir beim Schreiben der Texte vor, wie wohl Mädchen aus ihrer Sicht diesen oder jenen Aspekt formulieren würden. An vereinzelten Punkten in den Interviews - besonders bei den Fragen, die die Themen Blut und Haut behandeln - äußerten die Expertinnen, sie könnten darüber nichts sagen, weil sie nie mit Mädchen darüber gesprochen hätten. An diesen Stellen fehlten die Aussagen von Mädchen.

Die theoretischen Standpunkte der Expertinnen waren für mich ein reichhaltiger Informationsfundus, aus dem ich schöpfen konnte. Ihre Betrachtungsweisen und Blickwinkel machten mich auf neue Verständniszusammenhänge aufmerksam, die Ausführlichkeit in den Interviews übertraf meine Erwartungen. Die Entscheidung, Expertinnen als Interviewpartnerinnen zu wählen, war der Vielschichtigkeit des Themas angemessen, wodurch sich mir im Nachhinein bestätigte, die richtige Wahl getroffen zu haben.

Die Datenerhebung

Ritzen ist ein klar eingrenzbares Phänomen, dessen Erklärung eine breit angelegte Betrachtung erfordert. Mit einem Teil der Erklärungsaspekte hatte ich mich bereits beschäftigt gehabt, für andere Ansätze wollte ich offen sein, um meinen Blickwinkel über das Ritzen zu erweitern. Ein halbstrukturiertes Interview schien mir die passende Form zu sein, in der vorbereitete Aspekte besprochen werden können, die aber auch hinreichend Raum läßt für die Ideen und Erklärungsmuster der Expertinnen.

Das problemzentrierte Interview

Das problemzentrierte Interview bietet sich für die theoriegeleitete Erforschung eines Gegenstands an, in der relativ spezifische Fragestellungen bearbeitet werden. In dieser halbstrukturierten Form der Befragung soll die InterviewpartnerIn möglichst frei zu Wort kommen, so daß eine offene Gesprächssituation entstehen kann. „Es ist aber zentriert auf eine bestimmte Problemstellung, die der Interviewer einführt, auf die er immer wieder zurückkommt.“ (Mayring 1990, S.46). Die Problemstellung wird vor dem Interview analysiert. Die InterviewerIn erarbeitet bestimmte Aspekte zu der Problemstellung, die in einem Interviewleitfaden zusammengestellt werden. Die Fragen des Leitfadens stellen die Gesprächsgrundlage dar und werden im Interview angesprochen.

Die weitgehende Offenheit dieser Interviewform ermöglicht den Befragten, ihre subjektiven Perspektiven und Deutungen darzustellen und während des Gesprächs größere Zusammenhänge und Strukturen zu entwickeln. „Das Problemzentrierte Interview wählt den sprachlichen Zugang, um seine Fragestellung auf dem Hintergrund subjektiver Bedeutungen, vom Subjekt selbst formuliert, zu eruieren.“ (ebd., S.47).

Diese Art der Befragung ist ein Verfahren qualitativer Sozialforschung. Es ist (1) problemzentriert, weil es an einer bestimmten gesellschaftlichen Problemstellung ansetzt, es ist (2) gegenstandsorientiert, d.h. die konkrete Gestaltung der Befragung ist ausdrücklich auf den spezifischen Gegenstand bezogen und es ist (3) prozeßorientiert, weil eine flexible Analyse des wissenschaftlichen Gegenstands möglich wird, deren einzelne Schritte immer wieder reflektiert werden.

Aus diesen Grundprinzipien ergibt sich der konkrete Ablauf eines problemzentrierten Interviews. Nach der ausführlichen Beschäftigung mit dem zentralen Thema wird ein Interviewleitfaden konstruiert. Die grundlegenden Aspekte der anfänglichen Auseinandersetzung finden in diesen Leitfaden Eingang. In einem Probeinterview wird geprüft, ob der Leitfaden sinnvoll aufgebaut und strukturiert ist. Nach der Überarbeitung des Leitfadens werden die Interviews durchgeführt, die im Anschluß daran aufgezeichnet werden.

Der Interviewleitfaden

Durch die Zuhilfenahme eines Leitfadens wird das problemzentrierte Interview zu einem teilweise standardisierten Verfahren, wodurch mehrere Interviews vergleichbar werden und leichter ausgewertet werden können.

Für den Leitfaden erarbeitete ich folgende Kategorien: Aktuelle Auslöser, Selbstverletzungssituation, Körper, Intention, Motivation, Psychodynamik und Interaktion. Damit war die Struktur des Leitfadens festgelegt.

Im weiteren Vorgehen formulierte ich konkrete Fragestellungen. An den Anfang stellte ich zwei sogenannte *Sondierungsfragen*. Die Frage, in welcher Form das Ritzen bei Mädchen und Frauen erlebt wurde, sollte der Expertin Raum geben, sich an bestimmte Situationen zu erinnern, um sich auf das Interviewthema einstimmen zu können. Die zweite Frage (Was hat dieses Verhalten bei Dir ausgelöst?) sollte die Möglichkeit bieten, über die Gefühle zu sprechen, die ritzende Mädchen bei ihr auslösten, damit die Interviewpartnerin diese nicht während des gesamten Gesprächs für sich behalten mußte.

Bei der Formulierung der *Bereichsfragen* ging ich folgendermaßen vor: Am den Anfang setzte ich jeweils eine allgemein gehaltene Frage, die auf den betreffenden Bereich bezogen war. Diese Fragen stellte ich möglichst offen, damit alle Antwortmöglichkeiten einfließen könnten. Die Expertin sollte durch meine Frage so wenig wie möglich in eine Antwortrichtung gedrängt werden. Für die weitere Erforschung der einzelnen Bereiche konzipierte ich detailliertere Fragen. Diese wollte ich im Gespräch nur stellen, wenn die Expertin sich nicht von selbst zum Inhalt dieser Fragen äußern würde. Mit Hilfe dieses Vorgehens erarbeitete ich einen mehrseitigen Interviewleitfaden, den ich zunächst in einem Probeinterview validierte. Der Probedurchlauf zog geringfügige Korrekturen des Leitfaden nach sich, die inhaltliche Konzeption wurde jedoch nicht verändert.

Der Leitfaden umfaßte verschiedene inhaltliche Bereiche. Zu diesen Bereichen nahmen die Expertinnen ausführlich und vielfältig Stellung. Daraus konnte ich schließen, daß die Konstruktion des Leitfadens dem Zugang der Frauen zum Thema angemessen war.

Die Auswertungsmethode

Mit den Interviews trug ich eine große Menge an Informationen zusammen. Der Umfang der Gespräche umfasste in getippter Form mehrere hundert Seiten. Wie sollte ich dieses umfangreiche Material systematisch bearbeiten? Die Auswertungsmethode mußte vor allem ein Verfahren sein, das große Datenmengen handhabbar macht.

Die zusammenfassende Inhaltsanalyse

Da ich mich mit den Interviews im Bereich der qualitativen Sozialforschung bewegte, mußte ich ein dementsprechendes Auswertungsverfahren wählen. Die zusammenfassende Inhaltsanalyse ist ein eben solches, sie wird unter den Oberbegriff qualitative Inhaltsanalyse eingereiht. „Zusammenfassende Inhaltsanalysen bieten sich an, wenn man nur an der inhaltlichen Ebene des Materials interessiert ist und eine Komprimierung zu einem überschaubaren Kurztext benötigt." (Mayring 1991, S.212).

Das Analyseverfahren ermöglicht die Reduktion großer Datenmengen. Die Inhalts- und Bedeutungsvielfalt wird dadurch reduziert, daß gleiche und ähnliche Aussagen zusammengefaßt und Deutungsmuster oder Kernaussagen als wesentlich herausgearbeitet werden.

Dieser Prozeß vollzieht sich in mehreren Schritten. (1) Zunächst wird das Material (Interviewtexte) in thematisch sinnvolle Analyseeinheiten zergliedert, die dann nacheinander bearbeitet werden. (2) Im nächsten Arbeitsschritt werden die inhaltsbestimmenden Textstellen der Auswertungseinheit paraphrasiert. Dabei werden Wiederholungen und nicht inhaltstragende Textteile gestrichen und die wichtig erscheinenden Passagen in eine einheitliche Sprachebene überführt. (3) Danach wird das Abstraktionsniveau der Untersuchung festgelegt und die bereits erarbeiteten Paraphrasen daran angepaßt. (4) Nun erfolgt eine erste Reduktion der Aussagen. Bedeutungsgleiche Umschreibungen innerhalb einer Auswertungseinheit werden gestrichen, so daß deren Inhalt nur einmal vorkommt. Damit ergibt sich eine Zusammenstellung von Paraphrasen, die als zentral inhaltstragend erachtet werden. (5) Im zweiten Reduktionsschritt werden die Paraphrasen zu dem gleichen Gegenstand gebündelt. Wenn zu einem Gegenstand unterschiedliche Aussagen gemacht wurden, so wird versucht, diese in irgendeiner Form miteinander zu verbinden. (6) Zuletzt werden die neu erarbeiteten Aussagen, wenn möglich, zu einem Kategoriensystem zusammengestellt und anschließend am Ausgangsmaterial überprüft.

Das Verfahren mutet nach dieser theoretischen Beschreibung kompliziert an. In der Praxis ist es aber naheliegend und auch anwendungsfreundlich. Die theoretische Auseinandersetzung mit den Methoden qualitativer Sozialforschung macht häufig einen abgehobenen Eindruck, weil sie beweisen will, daß qualitative Methoden mindestens ebenso berechtigt sind wie quantitative.

Das konkrete Vorgehen

Meine Bestimmung der Analyseeinheiten war durch die sieben Inhaltsbereiche und die einzelnen Fragen meines Interviewleitfadens vorstruktiert. Die Eingangsfragen der verschiedenen Bereiche umrissen die größeren Auswertungseinheiten (z.B. Gehen dem Ritzen bestimmte Situationen voraus?). Allerdings war es für ein pragmatisches

Vorgehen notwendig, diese noch einmal in Untereinheiten aufzuteilen (z.B. Sind es Situationen, die mit einem Abhängigkeitsgefühl einhergehen?). Nach dieser Einteilung griff ich alle Aussagen heraus, die die Expertinnen zu einer übergeordneten Einheit und deren Unterpunkten gemacht hatten und formulierte sie in einem einheitlichen Sprachstil. Damit waren Schritt (1) und (2) der Inhaltsanalyse erfolgt.

Das Abstraktionsniveau bestimmte ich nicht einheitlich. In den Teilen, die das Ritzen als Phänomen beschreiben, wollte ich Alltagsbegriffe verwenden, um der LeserIn zu ermöglichen, eine Vorstellung über das Ritzen zu entwickeln. In den theoretischen Abschnitten wollte ich mich dem Thema mit einer sozialpsychologischen und zum Teil psychoanalytischen, also einer theoretischen Sicht nähern. Gleichzeitig entschied ich mich, so wenig wie möglich mit klinischen Begriffen zu arbeiten, auch wenn es sich nicht ganz vermeiden ließ (denn Begriffe wie z.B. Depersonalisation beinhalten eine deutliche Aussage). Die Uneinheitlichkeit des Abstraktionsniveaus sah ich aber deshalb nicht als problematisch an, weil es innerhalb einer Analyseeinheit nicht variieren würde.

Im nächsten Schritt reduzierte ich die noch immer umfangreichen Aussagen. Ich faßte bedeutungsgleiche Paraphrasen zusammen und strich die Umschreibungen weg, die nicht mehr zu dem jeweiligen Abstraktionsniveau paßten. Im Sinne einer zweiten Reduktion prüfte ich, ob es möglich sei, mehrere kleine Untereinheiten zusammenzufassen. Wenn es möglich war, bündelte ich die einzelnen Aussagen zu einem umfassenderen Punkt zusammen (so ergaben sich z.B. für den Bereich „Aktuelle Auslöser" zwei Unterpunkte: „Veränderungen in Beziehungen" und „Autonomie-Abhängigkeits-Konflikt"). So bearbeitete ich nacheinander alle Auswertungseinheiten.

Im letzten Verfahrensschritt ging es mir allerdings weniger um die Zusammenstellung eines in sich geschlossenen Kategoriensystems - wie oben beschrieben - als vielmehr um die Überprüfung der im Leitfaden eingeführten Bereichskategorien. Die Kategorien „Selbstverletzungssituation" und „Intention" konnten stehenbleiben, weil sie tatsächlich alle zu diesen Punkten getroffenen Aussagen umfaßten. Die Bereichskonstruktion Körper behielt ich bei, erweiterte sie allerdings um einige, von mir nicht antizipierte Unterpunkte (z.B. „Körper als Ausdrucksmittel", „Narben sind Dokumente" und „Pubertät - Konflikte bei der Entwicklung zur Frau"). Die Kategorie „Aktuelle Auslöser" mußte in „Psychosoziale Auslöser" differenziert werden, um alle diesbezüglichen Paraphrasen einschließen zu können. Der Bereich „Motivation" konnte zwar bestehen bleiben, da aber die Motive in verschiedene andere Bereiche mit hineinspielen, erscheint im Text lediglich ein zusammenfassendes Kapitel unter dieser Überschrift. Die Kategorie „Psychodynamik" konnte ich so nicht beibehalten, sie war zu umfassend angelegt. Die entsprechenden Unterpunkte teilte ich auf und baute sie in andere Bereiche mit ein.

Dem Aspekt der symbolischen Bedeutungen von Blut und Haut widmete ich einen eigenen Abschnitt, weil die Expertinnen sich zu diesem Thema ausführlich geäußert hatten. Ebenso entstanden neue Bereiche wie „Ritzen als Suchtverhalten“ und „Das Verhältnis von Ritzen und Suizid“.

Die mit Hilfe der zusammenfassenden Inhaltsanalyse erarbeiteten Aussagen und Kategorien stellten das Grundgerüst beim Verfassen der Texte dar. Beim Schreiben ging ich zuerst immer von den Ausführungen der Expertinnen aus. In einem nächsten Schritt versuchte ich, ihre Beschreibungen und Erklärungen mit Angaben und Ergebnissen der Literatur zum Thema in Verbindung zu bringen. An anderen Stellen entwickelte ich die praxisbezogenen und theoretischen Standpunkte der Interviewpartnerinnen weiter, mit dem Ziel, größere Zusammenhänge und Bedeutungsstrukturen herzustellen. Dabei legte ich das Augenmerk besonders auf den Bezug zu gesellschaftlichen Lebensbedingungen, ich versuchte immer wieder, das Phänomen Ritzen in einen soziokulturellen Kontext zu betten. Auf diese Weise enstanden Textabschnitte, die nicht auf den Aussagen der Expertinnen basieren, sondern indirekt daraus abgeleitet wurden (z.B. „Die Zurichtung des Körpers“).

An vielen Stellen veranschaulichte ich die Ausführungen mit Zitaten aus den Interviews. In rein beschreibenden Kapiteln (z.B. „Phänomenologie des Ritzens“) verzichtete ich allerdings auf Zitate, um die Texte nicht unnötig in die Länge zu ziehen.

4 Die Expertinnen

Um die LeserIn auf die Interviewauswertung einzustimmen, werde ich zunächst über die Expertinnen[5] selbst schreiben. Dabei arbeite ich ihren jeweils individuellen Blick auf das Thema heraus, um ihren theoretischen Standort fassen zu können. Dabei ließ ich mich von folgenden Fragen leiten: Wo wird oder wurde meine Interviewpartnerin mit dem Ritzen konfrontiert? Wie betrachtet sie das Ritzen und auf welche Art interpretiert sie es? Wie geht sie damit um und welche Handlungsmöglichkeiten sieht sie? Was ist das Spezifische an den Aussagen jeder einzelnen Expertin? Implizite Annahmen konnte ich häufig nur aufspüren, indem ich versuchte in jedem Interview zwischen den Zeilen zu lesen. Manchmal war es schwierig, tatsächlich nur die Grundannahmen und die Herangehensweise der einzelnen Frauen aufzugreifen, ohne diese mit meiner eigenen Sicht zu vermischen, die sich oft mit den ihren überschnitt.

Susanne

Susanne arbeitet seit etwa drei Jahren als Sonderpädagogin im geschlossenen Bereich eines Mädchenheims. Sie betreut dort Mädchen im Alter von 12 bis 18 Jahren. Im Verlauf ihrer Tätigkeit hatte sie häufig Kontakt zu Mädchen, die mehr oder weniger stark ritzten, so daß sie im Interview ausführlich über dieses Thema berichten konnte.

Susanne versteht das Ritzen als ein sichtbares Zeichen, das immer für etwas anderes steht. Sie versucht im Kontakt mit dem jeweiligen Mädchen dieses Zeichen aufzugreifen und mit ihr die vielfältigen Gründe für dieses Verhalten aufzudecken, um dann gemeinsam mit ihr Handlungsalternativen entwickeln zu können.

Susanne begreift das Ritzen als ein gelerntes Verhaltensmuster, das in einem engem Zusammenhang mit der Lebensgeschichte des einzelnen Mädchens steht. Insofern ist es zunächst notwendig, das Ritzen als eine Selbstverletzung zu sehen, die individuell sehr verschiedene Hintergründe haben kann. Es kann beispielsweise rein intentional eingesetzt werden, aber ebenso kann es sich auch um ein unbewußtes Geschehen handeln. Immer wieder gilt es, bei jedem Mädchen die persönliche Ausformung im Blick zu behalten, um ihrer Individualität gerecht zu werden.

Außerdem vermutet Susanne, daß Ritzen ein mädchenspezifisches Verhalten ist, das an die Probleme mit der Entwicklung zur Frau in der Pubertät gekoppelt sein muß. Aus feministischer Sicht thematisiert sie gesellschaftliche Bedingungen, die Mädchen bei dieser Entwicklung vorfinden und sich in sie einfügen.

[5] Die Namen der Interviewpartnerinnen wurden geändert, um ihre Anonymität zu wahren.

Darüber hinaus bedenkt Susanne den aktuellen Kontext, in dem ein Mädchen ritzt. In diesem Zusammenhang setzt sie sich besonders mit der Gruppendynamik auseinander, in die die Mädchen im Heimalltag eingebunden sind.

Susanne interpretiert das Ritzen aus psychoanalytischer Sicht. Es erfüllt immer eine bestimmte Funktion, die in Verbindung zu früheren Konflikten steht. Im aktuellen Geschehen lassen sich deshalb häufig Projektionen und Übertragungen beobachten, die die Mädchen im Kontakt mit der Betreuerin ausleben. Diese verweisen immer auf die konflikthafte Sozialisation der Mädchen in ihren Ursprungsfamilien. Des weiteren weist diese spezielle Form der Autoaggression eine symbolische Bedeutung auf, die entschlüsselt werden muß. Dabei werden Körper, Haut und Blut zu zentralen Bezugspunkten, um die sich die Interpretationen bewegen.

Ritzen ist überdies ein Geschehen, in dem das Mädchen versucht, aktiv etwas für sich zu verändern, eine Tatsache, die Susanne positiv beurteilt. Damit widerspricht sie der Auffassung der klassischen Psychiatrie und weicht von gängigen Krankheitsdefinitionen ab, die üblicherweise festlegen, welches Verhalten als normal und welches als abnormal angesehen wird.

Das Ritzen ist immer ein Ereignis innerhalb der Beziehung, in der Susanne selbst Interaktionspartnerin ist. Somit ist es wichtig, die eigenen Gefühle und das eigene Verhalten immer wieder neu zu reflektieren. Wie läßt sich nun ihr Umgang mit Mädchen, die ritzen, beschreiben? Im Heim lebt Susanne den Alltag mit den Mädchen gemeinsam, so daß sie in diesen Krisensituationen die unmittelbare Ansprechpartrnerin ist. Zunächst muß sie Versorgungsfunktionen übernehmen, wie Wunden desinfizieren und Verbände anlegen. Im weiteren Geschehen geht es ihr immer darum, das Mädchen in ihrer Not und in ihrem Leiden ernst zu nehmen und ihr das Gefühl zu vermitteln, daß sie mit all ihren Problemen angenommen wird. Darüber hinaus ist es notwendig, das Verhaltensmuster als solches zu erkennen, damit sie sich selbst bewußt in einer Art verhalten kann, die dieses Muster nicht verstärkt und ihm nicht entspricht. Nur dann kann die eigene Handlungsfähigkeit aufrechterhalten werden.

Was ist das Spezifische an den Aussagen von Susanne?

Sie betont sehr stark, daß sie das Ritzen nicht als einen Akt, sondern als Prozeß sieht. Häufiges Ritzen über einen längeren Zeitraum hinweg ist deshalb nicht als Aneinanderreihung von Einzelereignissen zu verstehen. Denn jedes aktuelle Ritzereignis hat ein Vorher und ein Nachher, mit dem es in Verbindung steht. Somit entsteht für jedes Mädchen eine „persönliche Ritzgeschichte“, d.h. bei jedem erneuten Ritzen kann das Mädchen auf Vorerfahrungen zurückgreifen und ebenso kann sie jede neue Ritzerfahrung im Nachhinein in ihre Geschichte integrieren.

Frauke

Frauke ist Diplompädagogin. Sie arbeitete als Sozialarbeiterin sechs Jahre lang in einer niedersächsischen Justizvollzugsanstalt für Frauen ab dem Alter von 21 Jahren. Im Kontakt mit jüngeren Frauen begegnete ihr das Ritzen immer wieder als spezielle Form der Autoaggression.

Frauke betrachtet das Ritzen als ein Fanal, das auf massives Leiden und unerträgliche Lebenssituationen hinweist. Daraus ergibt sich die Notwendigkeit, bei jeder Frau die individuellen Hintergründe und Motive für ihr Verhalten zu suchen. Es zeigt sich, daß nahezu alle Frauen in ihrer Lebensgeschichte traumatisierende Erfahrungen gemacht haben, die für das Ritzen eine wesentliche Rolle spielen. Einen weiteren Hintergrund für das Ritzen stellt immer der situative Kontext dar, in dem das Ritzen stattfindet. Frauen im Gefängnis sind dabei in hohem Maße von den spezifischen Bedingungen des Vollzugsalltags abhängig. In diesem Zusammenhang leuchtet es unmittelbar ein, daß im Erleben dieser Frauen Autonomieverlust und sich verändernde Kontakte zu existentiellen Themen werden.

Beim Ritzen sieht Frauke immer die Bereiche Identität und Grenze berührt. Der Körper wird als Mittel zum Zweck eingesetzt, um Grenzen zu spüren und sich ein Gefühl für Identität zu vermitteln.

Im Gespräch mit Frauen, die ritzen, ist es notwendig, dieses Thema aufzugreifen und ihnen zu vermitteln, daß sie akzeptiert werden. Dabei soll gemeinsam überlegt werden, was eigentlich hinter diesem Verhalten steht und wie die Situation im Nachhinein erträglich gestaltet werden kann.

Rita

Rita arbeitet seit vielen Jahren als Psychologin im Drogenbereich. Ihre Haupterfahrungen hinsichtlich des Themas Ritzen sammelte sie in der Zeit, als sie in einem Gefängnis drogenabhängige Mädchen und Frauen betreute. Dabei wurde sie häufig mit dieser Form der Autoaggression konfrontiert und erlebte das Verhalten in all seinen Ausformungen. Heute leitet Rita eine Beratungsstelle für drogenabhängige Frauen. Bei dieser Arbeit kommt sie eher indirekt mit dem Thema in Kontakt, zum Beispiel wenn sie die verheilenden Wunde oder die Vernarbungen der Frauen sieht. Dennoch bezieht sie das Ritzen in die Gespräche mit den Frauen ein, versucht herauszuarbeiten, welche Situationen vorausgegangen sind, um dann zu entdecken, was die einzelne Frau mit ihrer Selbstverletzung intendiert.

Rita betont, daß die Mädchen und Frauen, mit denen sie zu tun hat, immer eine überaus dramatische Lebensgeschichte haben. Ihre schrecklichen Erfahrungen stammen in erster Linie aus den Herkunftsfamilien, allerdings machen sie diese Erfahrungen im späteren Leben immer wieder neu, weil sie sich in Lebenswelten bewegen, die ganz stark durch Abhängigkeit und Gewalt gekennzeichnet sind. So führt der Aufenthalt im Gefängnis zu Frustrationen. Aber auch Frauen, die in Freiheit leben, finden Lebensbedingungen vor - und stellen sie selbst immer wieder her -, in denen sie abhängig sind und nicht geachtet werden. In diesem Zusammenhang zeigt sich besonders, daß der frauenspezifische Blick auf das Thema Ritzen unerläßlich ist.

Rita betrachtet das Ritzen als ein gelerntes Verhaltensmuster, das in zugespitzten Situationen aktiviert wird. In diesen Situationen befinden sich die Mädchen und Frauen in einem seelischen Engpaß, weil ein ganz zentrales Lebensthema auf bedrohliche Weise berührt wird. In dem momentanen Gefühlschaos wird das Ritzen zu einem Fanal für den Konflikt, der in der Situation aktuell wird. Dieses Zeichen wird auch für andere sichtbar, d.h. Ritzen findet auch immer in Beziehung zu anderen statt.

Das Ritzen ist der bestmögliche Versuch, den die Mädchen gelernt haben, um in schwierigen Situationen mit sich selbst zurechtzukommen. Insofern ist es eine aktive Handlung, die nicht als krank abqualifiziert werden sollte.

Rita interpretiert das Ritzen aus körpertherapeutischer Sicht. Sie geht davon aus, daß die Mädchen und Frauen das Gefühl für ihre eigene Ganzheit verloren haben und daß sie über das Ritzen versuchen, ihr Gleichgewicht wiederherzustellen. Ebenso kommen in ihren symbolischen Deutungen Erklärungsansätze aus der Körperarbeit zum tragen.

Im therapeutischen Umgang mit den Frauen versucht Rita jeweils die Anlaßsituationen des Ritzens zu rekonstruieren. Die Klientinnen sollen lernen, ihre Gefühle in diesen bedrohlichen Situationen bewußt wahrzunehmen und zu benennen. Nur dann wird es ihnen möglich sein, diese Gefühle rechtzeitig zu erkennen und künftig anders damit umzugehen. Wenn ein Mädchen oder eine Frau gerade geritzt hat, ist es notwendig, sie zu beruhigen, damit ihre Erregung nachläßt. Das erfordert die Fähigkeit, gleichzeitig die Situation selbst aushalten, und Zuwendung geben zu können.

Was ist das Spezifische an diesem Interview? In ihrer beruflichen Praxis setzt sich Rita immer wieder mit den verschiedenen Aspekten des Suchtverhaltens auseinander. Sucht hat immer die Funktion, sich in ausweglos erscheinenden Situationen zu beruhigen und Gefühle zu unterdrücken, die nur schwer auszuhalten sind. Diesen grundsätzlichen Mechanismus erkennt sie auch beim Ritzen wieder. Ritzen kann zu einem gewohnten Beruhigungsmittel werden, das vorübergehend dazu beiträgt, massiven Schwierigkeiten im Alltag etwas entgegenzusetzen.

Eva

Eva arbeitet seit etwa vier Jahren als Psychologin in einer offenen Station einer Klinik für Kinder- und Jugendpsychiatrie. Dort übernimmt sie die therapeutische Betreuung von Mädchen und Jungen im Alter von 13 bis 19 Jahren. Überdies ist sie mit Fragen der Diagnostik betraut und hält den Kontakt zu den Familien der Jugendlichen. Das Ritzen als selbstverletzendes Verhalten beobachtete sie auf ihrer Station ausschließlich bei Mädchen, wobei sie diese häufig als Einzelgängerinnen erlebte. Speziell bei zwei Mädchen, mit denen sie selbst Therapie gemacht hat, konnte sie das Phänomen über einen längeren Zeitraum intensiv verfolgen.

Eva sieht im Ritzen einen Bewältigungsversuch, der dazu dienen soll, die eigene Geschichte auszuhalten. Aus den jeweiligen Lebenserfahrungen eines Mädchens lassen sich gute Gründe für die Autoaggression ableiten, die dieses Verhalten nachvollziehbar machen. Im Einzelfall gilt es jeweils den Gründen genau nachzuspüren, um das Mädchen in ihrer individuellen Not sehen zu können. Verallgemeinernde Aussagen hingegen werden diesem Phänomen nicht gerecht.

In ihren Interpretationen geht Eva von psychoanalytischen Erklärungsmustern aus. Sie konzentriert sich vor allem auf die intrapsychischen Konflikte, die das Mädchen veranlassen, sich selbst zu verletzen. Dabei geht es in erster Linie um Schwierigkeiten im Erleben von Nähe und Distanz. Externe Auslöser hingegen spielen in dem Geschehen nur eine unwesentliche Rolle.

Beim Ritzen wird die Haut als Beschädigungsobjekt gewählt, was darauf schließen läßt, daß es sich um eine Störung handelt, die sehr früh angelegt wurde zu einer Zeit, in der die Haut das einzige Kontaktorgan gewesen ist. Mangelerfahrungen dieses Lebensalters können Spaltungsprozesse in Gang setzen, die über viele Jahre hinweg das Überleben sichern. Schmerzliche Gefühle können in das Gesamterleben nicht mehr integriert werden.

In einem anderen Erklärungsansatz sieht Eva das Ritzen als einen Kompromiß an im Spannungsfeld zwischen Lebenswillen und Todessehnsucht. So kann ein Mädchen ihre Selbstverletzung vorübergehend als einzigen Lebenssinn empfinden.

Eva begreift das Ritzen als mädchenspezifisches Verhalten. Ihrer Erfahrung nach beginnen die Mädchen erst in der Pubertät zu ritzen. Insofern läßt sich vermuten, daß im Erleben der Mädchen Weiblichkeit und die einsetzende Menstruation problematische Themen sind. In dieser Phase können sie ihren Körper in keiner Weise positiv besetzen.

Ritzen ist ein Symptom, das die Mädchen momentan brauchen, um mit ihren Konflikten umzugehen. Insofern ist es eine Verhaltensmöglichkeit, die ihnen solange gelassen werden sollte, bis sie andere Formen des Umgangs mit sich und ihren Problemen in der Therapie oder aus sich selbst heraus entwickelt haben. In diesem Zusammenhang bedauert Eva, daß sie im stationären Rahmen das Ritzen weniger zulassen kann, als sie es gern tun würde. Bei dieser Sichtweise wird klar, daß für Eva in erster Linie der therapeutische Prozeß im Zentrum steht. Sie sieht zwar die Schwierigkeiten im alltäglichen Umgang mit einem Mädchen, das sich massiv verletzt, aber ihre Position ermöglicht ihr eine gewisse Distanz, so daß sie geduldiger auf das Ritzen schauen kann als andere Betreuerinnen. In der Therapie versucht sie aber selbstverständlich gemeinsam mit den Mädchen Handlungsalternativen zu erarbeiten, um dazu beizutragen, daß sie sich nicht mehr selbst verletzen müssen. Dafür muß im therapeutischen Prozeß ein offenes Klima herrschen, in dem das Ritzen zu einem normalen Thema wird. Nur dann kann sich das Mädchen darauf einlassen, den Gründen und dem Sinn ihrer Selbstverletzung nachzuspüren und Wege zu suchen, anders mit ihren Konflikten umzugehen.

Als einzige der Expertinnen ist Eva nicht der Meinung, daß das Ritzen auch intentional eingesetzt wird, um Vergünstigungen für sich zu erzielen. Sie betont, daß es eigentlich immer ein unbewußtes Geschehen ist, das von intrapsychischen Vorgängen geleitet wird. Insofern mißt sie konkreten Absichten und aktuellen externen Anlässen keinen Erklärungswert für das Ritzen bei.

Anja

Anja arbeitete etwa zwei Jahre als Psychologin in der Zufluchtstelle für Mädchen und junge Frauen bis zum Alter von 21 Jahren, die vorrübergehend dort wohnen, da sie sich entschieden haben, von zu Hause wegzugehen. In der Regel haben diese in ihrer Kindheit und Jugend sexuelle oder körperliche Gewalt erlitten, die weit über das erträgliche Maß hinausging. Dennoch wirkt die Entscheidung, die eigene Familie bereits als Jugendliche zu verlassen nicht nur befreiend, sondern sie bringt vor allem eine enorme psychische Belastung mit sich. Die Mädchen haben immer wieder Zweifel an ihrer Entscheidung, einerseits sind sie zutiefst verletzt aufgrund der Erfahrungen, die sie in ihrer Familie gemacht haben, andererseits sehnen sie sich nach familiärer Wärme und Geborgenheit. Diese Krise beherrscht durchgängig ihren Aufenthalt in der Übergangseinrichtung und spitzt sich für manche Mädchen derart zu, daß sie über die Selbstverletzung versuchen, die Spannung in dieser Situation abzubauen.

Anja war für die Bewohnerinnen immer die direkte Ansprechpartnerin bei allen auftretenden Problemen, da sie gemeinsam mit ihnen den Alltag organisiert und gelebt hat. Die Mädchen wurden in dieser Einrichtung rund um die Uhr betreut, so daß Anja wechselnd im Tag- und Nachtdienst gearbeitet hat. Da Mädchen sich häufig abends oder nachts ritzen, hat sie dieses Verhalten und die begleitenden Umstände gerade im Nachtdienst aus nächster Nähe miterlebt. Wenn sich ein Mädchen selbst verletzt hat, war Anja sowohl für die Erstversorgung der Wunden als auch für ihre weitere Betreuung verantwortlich.

In ihren Erklärungen greift Anja auf psychoanalytische Bezugspunkte zurück. Das Ritzen sieht sie als ein Zeichen, das immer auf existentielle Konflikte hinweist, deren Ursprung in extrem bedrohlichen Lebenserfahrungen liegt. Die damit einhergehenden unerträglichen Gefühle werden verdrängt oder abgespalten, da die Mädchen noch nicht in der Lage sind, diese zu verarbeiten und in ihr Gefühlsleben zu integrieren. Da es dem Mädchen nicht gelingt nur die negativen, angstmachenden Gefühle abzuspalten, stellt sich häufig ein umfassendes Gefühl der Leere ein, eine Situation, in der das

Mädchen nur sehr schwer Zugang zu ihren eigenen Gefühlen findet. In diesem Zustand kann sich ein Mädchen leer und von sich selbst entfremdet fühlen, sie kann Angst davor haben, sich selbst zu verlieren. In diesem Zusammenhang ist das Ritzen als ein Versuch zu interpretieren, sich selbst über die Verletzung der Haut und den Schmerz zu spüren, um mit sich und den eigenen Gefühlen wieder in Kontakt zu kommen. Der Körper wird dabei zum Aggressionsobjekt und zugleich auch zu einem Mittel, um sich selbst in der Realität zu halten. Die Wunden und Narben, die ein Mädchen sich zufügt, haben konkrete Gestalt, das Mädchen kann sich vorübergehend damit beschäftigen.

Beim Ritzen handelt es sich um ein Pubertätsgeschehen. Obwohl auch Jungen und Männer ritzen vermutet Anja, daß Mädchen, die sich in dieser Form selbst verletzen, Schwierigkeiten haben, ihre weibliche Identität zu entwickeln. Als Feministin reflektiert Anja gesellschaftliche und speziell familiäre Bedingungen und Strukturen, die Mädchen und Frauen daran hindern, ein möglichst selbstbestimmtes Leben zu führen. Obwohl die Selbstverletzung zunächst einen rein destruktiven Charakter zu haben scheint, läßt sich bei der weiteren Auseinandersetzung mit diesem Thema erkennen, daß die Mädchen beim Ritzen ein Bestimmungsrecht für ihre eigene Person geltend machen. Sie tun sich zwar etwas an, aber sie tun dabei etwas für sich. Über den Schmerz spüren sie ihren Körper, sie können deutlich fühlen, daß sie noch existieren. In diesem Sinne liegt im Ritzen eine positive und selbstunterstützende Qualität.

Ritzen hat immer eine Bedeutung für den Kontakt zu anderen Personen und kann durch Beziehungskonflikte ausgelöst werden. Somit beeinflußt jede Selbstverletzung auch die Beziehung zwischen Anja und dem Mädchen, das sich geritzt hat. Da die Mädchen zum Teil sprachlos über ihr eigenes Verhalten sind, versucht Anja in anschließenden Gesprächen jeweils für das Mädchen vorzuformulieren, was hinter ihrem Verhalten stehen und welche Bedeutung es haben könnte, ohne das Mädchen damit auf eine Erklärung festzulegen. Dabei akzeptiert sie das Ritzen als ein Stück Normalität in dem Lebensabschnitt des Mädchens und bezieht es in die Auseinandersetzung mit ihr ein. So kann sie für beide wieder eine gemeinsame Basis für die Beziehung finden.

Mädchen, die sich selbst schneiden, berichten immer wieder, daß sie sich vor ihrer Selbstverletzung in einem tranceähnlichen Zustand befinden und währenddessen keinen Schmerz spüren. Ebenso beschreiben es die Expertinnen in ihren Interviews. Anja hingegen geht davon aus, daß die Mädchen bereits in dem Moment, in dem sie ihre Haut verletzen, den Schmerz spüren und spüren wollen, weil er befreiend wirkt. Hinterher haben die Mädchen eventuell den Eindruck, währenddessen keinen Schmerz gefühlt zu haben, weil sie im Nachhinein ihr Gefühl in der Selbstverletzungssituation nicht mehr als Schmerz benennen können. Wenn die Mädchen tatsächlich keinen Schmerz verspüren würden, während sie sich die Haut aufschneiden, dann würden sie dieses Verhalten rein instrumentell einsetzen, um sich zu einem späteren Zeitpunkt über den Schmerz spüren zu können. Dieses planerische Element steht im Widerspruch zu dem tranceartigen Zustand, in dem ein Mädchen impulsiv zu ritzen beginnt.

Gela

Gela ist Pädagogin und war ebenfalls einige Jahre in der Zufluchtstelle tätig. Die Frauen arbeiten dort in einem multiprofessionellen, aber gleichberechtigtem Team zusammen, so daß Gelas Aufgabenbereich dem entsprach, den ich bereits oben für Anja geschildert habe. Da sie sich in Teamsitzungen auch gemeinsam mit dem Thema Ritzen auseinandergesetzt haben, überschneiden sich manche Aussagen in den Interviews von Gela und Anja. Dennoch rückt Gela zum Teil andere Akzente für die Erklärung des Phänomens in den Mittelpunkt.

Gela begreift den Kern des Ritzens als grundsätzliche Beziehungsproblematik, die auf Erfahrungen zurückgeht, die ein Mädchen in ihrer Herkunftsfamilie gemacht hat. Dabei handelt es sich in der Regel um Gewalterfahrungen sexueller, körperlicher oder seelischer Art, die die Mädchen als massive Verletzung ihrer eigenen Grenzen und als bedrohlichen Angriff auf ihre Person erlebt haben. Jede Form der Gewaltanwendung mißachtet persönliche Grenzen und veranlaßt das Opfer, zumal wenn es ein Kind ist, sich unendlich ohnmächtig zu fühlen. Das Mädchen kann u.U. im Verlauf ihrer weiteren psychischen Entwicklung kein Gefühl für eigene Grenzen und somit kein ausreichendes Gefühl für ihre Identität ausbilden, was dazu führen kann, daß sie sich haltlos und von sich selbst entfremdet fühlt. In späteren Beziehungen werden die Schwierigkeiten auch immer den Bereich der Grenzen betreffen. Es fällt sowohl schwer, eigene Grenzen zu setzen und sich gegen übergriffiges Verhalten zu wehren, als auch die Grenzen anderer zu akzeptieren, ohne sich persönlich abgelehnt zu fühlen. Das Dilemma zeigt sich in der Ambivalenz von Wünschen und Ängsten hinsichtlich der Nähe und Distanz zu anderen Menschen.

Nun kann das Ritzen vor dem Hintergrund dieser Beziehungsdynamik interpretiert werden. Es kann den Versuch darstellen, Nähe zu anderen herzustellen, wenn ein Mädchen momentan auf andere Wege der Annäherung nicht zurückgreifen kann. Das Mädchen kann sicher sein, daß sich jemand, zumindest kurzfristig, um sie kümmert, wenn sie sich selbst verletzt hat. Zudem kann sie vorübergehend ihr Ohnmachtsgefühl überwinden, sie gestaltet über das Ritzen ein Stück der Beziehung und veranlaßt andere zu einer Reaktion.

Das Ritzen kann überdies identitätsstiftende Qualität erhalten, wenn ein Mädchen fürchtet, sich selbst zu verlieren. Über den Schmerz spürt sie sich selbst, sie weiß, daß sie noch lebt und kann sich über die selbst zugefügten Wunden mit sich und ihrem Körper beschäftigen.

Gela versteht das Ritzen als letztes Mittel, zu dem ein Mädchen greift, um von sich etwas nach außen zu bringen, wenn unerträgliche Gefühle sie sprachlos werden lassen. Dabei zeigt sich immer wieder die Not des Mädchens und ihre Angst, von diesen schmerzlichen Gefühlen überschwemmt zu werden und deren Druck nicht standhalten zu können. Nun stellt sich aber die Frage, ob das Ritzen hilft, diese Gefühle, die an grausame Erfahrungen der Kindheit erinnern, unter Kontrolle zu halten, oder ob es dazu beiträgt, einen besseren Zugang zum eigenen Gefühlsleben zu bekommen.

Bei all diesen Überlegungen kristallisiert sich heraus, daß eine getrübte Allgemeinbefindlichkeit verbunden mit externen Auslösern im jeweiligen Beziehungskontext ein Mädchen in eine derart verzweifelte Lage bringen können, in der sie sich nur noch über eine Selbstverletzung Entlastung zu verschaffen vermag.

Im Umgang mit Mädchen, die ritzen, ist es für Gela wesentlich, die Beziehung so zu gestalten, daß ihre eigene Handlungsfähigkeit erhalten bleibt. Handlungsfähig zu sein bedeutet in diesem Moment für sie, das Mädchen so zu versorgen, wie es gerade nötig ist, ohne dem Ritzen übergroßen Wert beizumessen. Dem Mädchen darf nicht das Gefühl vermittelt werden, mit dem Ritzen über ein Druckmittel gegen die Betreuerinnen zu verfügen. Sie soll jedoch spüren, daß ihre Selbstverletzung als Teil ihres Alltags gesehen und angenommen wird.

Was ist nun das Spezifische an Gelas Aussagen? Die Interaktion zwischen ihr und einem Mädchen, das sich selbst verletzt hat, erinnert sie teilweise an eine Mutter-Tochter-Beziehung. Das Mädchen kommt auf die Betreuerin zu, sie will versorgt werden, ihre Wunden müssen desinfiziert und verbunden werden. Damit liegen im Ritzen regressive Anteile. Analog zur Mutter, die ihr Kleinkind versorgt, kümmert sich die Betreuerin um das Mädchen, sie faßt den Körper des Mädchens beim Verbinden der Wunden an, worüber eine gewisse Intimität hergestellt wird.

5 Die Auswertung

Phänomenologie des Ritzens

> „SIE sitzt allein in ihrem Zimmer, abgesondert von der Menge, die sie vergessen hat, weil sie so ein leichtes Gewicht ist. Sie drückt auf niemand. Aus einem vielschichtigen Paket wickelt sie sorgfältig eine Rasierklinge heraus. Die trägt sie immer bei sich, wohin sie sich auch wendet. Die Klinge lacht wie der Bräutigam der Braut entgegen. SIE prüft vorsichtig die Schneide, sie ist rasierklingenscharf. Dann drückt sie die Klinge mehrere Male tief in den Handrücken hinein, aber wieder nicht so tief, daß Sehnen verletzt würden. Es tut überhaupt nicht weh. Das Metall fräst sich hinein wie in Butter. Einen Augenblick klafft ein Sparkassen-Schlitz im vorher geschlossenen Gewebe, dann rast das mühsam gebändigte Blut hinter der Sperre hervor. Vier Schnitte sind es insgesamt. Dann ist es genug, sonst verblutet sie. Die Rasierklinge wird wieder abgewischt und verpackt. Die ganze Zeit rieselt und rinnt hellrotes Blut aus den Wunden heraus und verschmutzt alles auf seinem Lauf. Es rieselt warm und lautlos und nicht unangenehm. Es ist so stark flüssig. Es rinnt ohne Pause. Es färbt alles rot ein. Vier Schlitze, aus denen es pausenlos herausquillt. Auf dem Fußboden und auch schon auf dem Bettzeug vereinigen sich die vier kleinen Bächlein zum reißenden Strom. Folge nach nur meinen Tränen, nimmt dich bald das Bächlein auf. Eine kleine Lache bildet sich. Und es rinnt immer weiter. Es rinnt und rinnt und rinnt und rinnt." (Jelinek 1991, S.45)

Das Ritzen ist eine spezielle Form autoaggressiven Verhaltens, bei dem eine Person mit Hilfe eines Gegenstandes absichtlich ihre eigene Haut mehr oder weniger stark verletzt. Paar und Eckhardt (1987) sprechen in diesem Zusammenhang von „offener Selbstbeschädigung der Haut" (ebd., S.414).

Da über dieses Thema relativ wenig Literatur verfügbar ist, möchte ich zunächst verschiedene Aspekte dieses Verhaltens veranschaulichen. Ich stütze mich hierbei vor allem auf die praktischen Erfahrungen der Expertinnen, die sie mir in Interviews zugänglich gemacht haben, und ergänze diese durch Angaben, die in der Literatur zu finden sind. Die Ausführungen über dieses Phänomen sind zu einem großen Teil als Erfahrungswerte zu verstehen, das heißt, sie müssen nicht unbedingt allgemeingültig sein.

Das Ritzen wird in unserer gesellschaftlichen Praxis als psychopathologisches Symptom definiert. Die eindeutige Krankheitsdefinition läßt dieses Verhalten für „Gesunde" unverständlich erscheinen. Während der Auseinandersetzung mit diesem Thema stelle ich jedoch fest, daß ich das Ritzen immer mehr verstehen kann. Und genau dieses Verständnis möchte ich den LeserInnen dieser Arbeit näher bringen. Außerdem möchte ich darauf hinweisen, daß die gesellschaftliche Zuschreibung darüber hinwegtäuscht, daß das Phänomen Autoaggressivität im Alltag häufig zu beobachten ist. Denn „selbstschädigendes Verhalten ist ein Bestandteil menschlichen

Lebens und tritt nicht nur bei psychiatrischen Krankheitsbildern auf."[6] (Paar 1987, S.4). Diese Tatsache entschwindet gelegentlich dem gesellschaftlichen Bewußtsein. Dabei ist es immer eine Frage der sozialen Akzeptanz, wenn es darum geht, Verhaltensweisen als pathologisch zu kategorisieren. Ritzen ist sozial keineswegs akzeptiert, einerseits macht es Außenstehenden Angst, andererseits kann es als rigorose Anklage der gesellschaftlichen Realität verstanden werden. Sozialer Sprengstoff aber wird solange wie möglich ignoriert.

Welche Personen ritzen?

Geschlechtsspezifität

Alle Interviewpartnerinnen haben in ihrer Arbeit das Phänomen Ritzen ausschließlich bei Mädchen und jungen Frauen erlebt. Dabei ist zu berücksichtigen, daß fünf der sechs Expertinnen ihre Erfahrungen in Mädchen- oder Fraueneinrichtungen gemacht haben. Es scheint zwar, daß sich auch Jungen und junge Männer in dieser Form selbst verletzen, aber wie häufig und in welchen Zusammenhängen sie das tun, ist unklar. Trotzdem vermuten die Expertinnen, daß Mädchen viel häufiger als Jungen ritzen und daß Ritzen ein mädchen- bzw. frauenspezifisches Verhalten ist, das an Bedingungen geknüpft ist, die sie in unserer Gesellschaft vorfinden.

Pao (1969) lernte 27 PatientInnen kennen (seine Beobachtungen dauerten von 1957 bis 1966), die ihre Haut fortgesetzt selbst beschädigten, davon waren 23 Frauen. Ebenso bestätigt Sachsse (1987a) die Vermutung, daß sich vornehmlich Mädchen und Frauen selbst schneiden. Er beobachtete insgesamt 25 Personen, die sich in dieser Form autodestruktiv verhielten, davon waren 21 weiblichen Geschlechts.

Auch ich werde mich in meinen Ausführungen ausschließlich auf Mädchen und Frauen beziehen. Autoaggressionen verweisen immer darauf, wie in der gesellschaftlichen Praxis mit Aggressionen umgegangen wird. In unseren sozialen Bezügen hat aggressives Verhalten nur wenig Platz, es muß unterdrückt oder in anderen Handlungen sublimiert werden. Diese Tatsache trifft Männer wie Frauen gleichermaßen. Doch Frauen erfahren zusätzlich noch eine andere Benachteiligung. Zu der allgemeinen Unerwünschtheit aggressiven Verhaltens kommt für sie noch hinzu, daß es als extrem unweiblich gilt, aggressiv zu sein. So stehen für Frauen viel weniger Möglichkeiten zur Verfügung, um ihre Aggressionen auszuleben, ohne als Mannweib gesellschaftlich abqualifiziert zu werden. Deshalb gehe ich davon aus, daß Frauen häufiger als Männer dazu neigen, ihre Aggressionen in Form von Selbstverletzungen gegen sich selbst zu wenden, obwohl es auch Männer gibt, die das tun.

---

[6] Beispiele für übliche selbstschädigende Verhaltensweisen: Rauchen, schlechte Ernährung, zu wenig Schlaf etc.

Lebensalter

Das Ritzen scheint ein Verhalten zu sein, das vornehmlich in der Pubertät und im jungen Erwachsenenalter auftritt. Allerdings waren vier Expertinnen in reinen Jugendeinrichtungen tätig, so daß sie das Phänomen entsprechend nur bei jugendlichen Mädchen beobachten konnten. Die beiden anderen Interviewpartnerinnen arbeiteten sowohl mit Jugendlichen als auch mit erwachsenen Frauen. Auch sie bestätigen, daß sie nur Mädchen und sehr junge Frauen kennenlernten, die sich selbst Schnitte zufügten.

Wiederum ist es Pao (1969), der Angaben zum Alter seiner Patientinnen macht. Die Mädchen und Frauen waren alle im Alter von 16 bis 24 Jahren.

Ich gehe also davon aus, daß das Ritzen, neben ganz persönlichen Konflikten, auch im Zusammenhang mit spezifischen Problemen und Entwicklungsaufgaben der Pubertät und des Erwachsenwerdens zu interpretieren ist.

Wie wird geritzt?

Tiefe und Umfang

Das Phänomen Ritzen umfasst die gesamte Bandbreite von leichten Kratzern und oberflächigen Hautverletzungen bis hin zu sehr tiefen langen Schnittwunden, die stark bluten und genäht werden müssen. Seltener schlägt ein Mädchen oder eine junge Frau mit ihren Händen immer wieder in eine Glasscheibe und bringt sich damit extreme Verletzungen bei. Rita weist darauf hin, daß die Tiefe der jeweiligen Verletzung mit der Ausweglosigkeit und Unerträglichkeit der Situation korrespondieren könnte, in der sich die betreffende Person gerade befindet. Das würde bedeuten, daß sich ein Mädchen gerade dann exzessiv verletzt, wenn sie ihre momentane Situation als besonders bedrohlich erlebt.

Ebenso wie die Tiefe der Wunden stark variiert, kann auch der Umfang der Verletzung sehr unterschiedliche Ausmaße annehmen. Manche Mädchen ritzen großflächig über ausgedehnte Hautpartien, andere hingegen fügen sich nur einzelne Schürfungen oder Schnitte zu.

Ich habe erlebt, daß ein Mädchen ihre gesamten Ober- und Unterarme mit unzähligen kleinen Schnittwunden verletzt hat. Ein anderes Mal hat sie sich so tief in ihren Unterarm geschnitten, daß sie im Krankenhaus ärztlich versorgt werden mußte.

Es läßt sich zwar kein eindeutiger Zusammenhang zwischen der Tiefe und dem Umfang der Verletzung herstellen, dennoch ist häufig beobachtet worden, daß wenn ein Mädchen mit vielen Schnitten eine große Fläche ihres Körpers bedeckt, diese eher an der Hautoberfläche bleiben. Hingegen fügen sich Mädchen, die tief durch alle Hautschichten schneiden, eher einzelne wenige Wunden zu. Trotzdem läßt sich daraus keine verallgemeinernde Regel ableiten - natürlich gibt es auch Mädchen, die sich nur wenige oberflächige Ritzer beibringen.

Manche Mädchen scheinen sich während des Ritzens in einem Sog zu befinden, in dem sie beispielsweise das Gefühl haben, über den gesamten Unterarm bis zur Hand weiterritzen zu müssen, wenn sie in der Ellenbeuge begonnen haben. Erst dann stellt sich ein Gefühl der Befriedigung ein.

In den meisten Fällen werden unterschiedlich lange Striche in die Haut geritzt oder geschnitten. Eva berichtet allerdings, daß sich ein Mädchen die Wörter „die", „hate" und „fear" in die Haut geritzt hat. Haß, Angst und Tod standen wohl als Synonyme für die Spannung, in der sich das Mädchen befand.

Körperregionen

Grundsätzlich kann der gesamte Körper beim Ritzen verletzt werden. Dennoch fügen sich die Mädchen und jungen Frauen meistens Verletzungen an den Armen zu. Die Innen- und Außenseiten der Ober- und Unterarme und der Handrücken sind die bevorzugten Stellen, an denen geritzt wird.

Es ist davon auszugehen, daß die Körperstellen, an denen vorzugsweise geritzt wird, nicht zufällig gewählt werden. Warum ritzen Mädchen dann hauptsächlich an den Armen und Händen?

Arme und Hände können wahlweise mit Ärmeln bedeckt werden, wenn jemand die Wunden und Narben nicht sehen soll. Sie können aber auch so präsentiert werden, daß jede/r die Male entdecken muß.

Seltener schneiden sich die Mädchen in die Beine, den Bauch und die Brust. Da aber diese Körperstellen in der Regel bedeckt sind, können die Verletzungen eher unbemerkt bleiben. So könnte es sein, daß Mädchen, deren Selbstverletzung unerkannt bleiben soll, bewußt diese Körperpartien wählen. Will hingegen ein Mädchen mit ihrer Selbstverletzung gesehen werden, so verletzt sie vermutlich eher sichtbare Stellen ihres Körpers.

In seltenen Fällen betreffen die Verletzungen auch die Halsregion und das Gesicht. Allerdings schneiden sich die Mädchen dort kaum mit Gegenständen, sondern sie kratzen sich eher mit langen Fingernägeln, so daß meistens keine entstellenden Narben entstehen.

Wenige Mädchen und Frauen verletzen ihre Genitalien (Burstow 1992), wodurch ihre tiefe Ablehnung der eigenen Weiblichkeit zum Ausdruck kommt.

Gegenstände

Zum Ritzen sind alle Gegenstände geeignet, die ausreichend scharf sind. Am häufigsten benutzen die Mädchen Rasierklingen, Messer, Nadeln, scharfe Plastikgegenstände, Splitter und Glasscherben. Manchmal zerschlagen sie gezielt Gegenstände, um sich anschließend damit verletzen zu können.

In geschlossenen Einrichtungen erfordert es allerdings einigen Erfindungsreichtum, um an scharfe Gegenstände zu gelangen. So erzählt Susanne, daß die Mädchen, die sie betreut, häufig die Plättchen aus Anspitzern herausschrauben, um sich damit selbst zu verletzen. Die Spitzerplättchen sind ähnlich scharf wie Rasierklingen.

Gelegentlich reichen aber auch die eigenen Fingernägel aus, um dem Impuls zu folgen, an der Haut zu manipulieren. Manchmal gibt ein Mädchen dann an, Juckreize zu empfinden, die plötzlich auftauchen und wieder verschwinden. Denn es ist einfacher zu sagen, daß sie sich die Arme wundkratzt, weil die Haut juckt, als zuzugeben, sich selbst verletzt zu haben. Dennoch kann sie sich über das Kratzen spüren, ohne daß es hinterher so stark zu sehen ist.

Manche Mädchen tragen ihr Ritzwerkzeug immer mit sich. So zitiert Sachsse (1989) ein 19jähriges Mädchen, die eine vergoldete Rasierklinge an ihrer Kette trägt: „Eine Ritzerin hat ihre Rasierklinge immer bei sich." (ebd., S.104). Andere wiederum haben ihr „Ritzzeug" an einer bestimmten Stelle deponiert, griffbereit für den Fall, daß sie sich ritzen müssen. In beiden Fällen läßt sich ein planerisches Element erkennen. Nie soll die Situation eintreten, daß der Impuls, sich zu ritzen, vorhanden ist, aber kein geeigneter Gegenstand zu finden ist. Insofern wird der deponierte oder bei sich getragene Gegenstand zu einem Übergangsobjekt[7], das dem Mädchen eine gewisse Sicherheit vermittelt. Sie kann sicher sein, über ein geeignetes Mittel zu verfügen, wenn sie den Drang verspürt, ritzen zu müssen. Sie ist immer darauf vorbereitet.

Häufigkeit

Verbreitung

Meines Wissens existiert keine umfassende Studie über Mädchen und Frauen, die ritzen, so daß ich an dieser Stelle keine konkreten Angaben darüber machen kann, wieviele sich im Lauf ihres Lebens auf diese Art selbst verletzen.

Dennoch haben die Expertinnen dieses Phänomen immer wieder beobachten können. Dabei möchte ich daran erinnern, daß sie alle in Einrichtungen tätig waren oder

[7] Dieser Begriff bezeichnet ein materielles Objekt, dem eine Person einen besonderen Wert beimißt (vgl. Laplanche/Pontalis 1973).

sind, in denen sie Kontakt zu Mädchen und Frauen haben, die sich aktuell gerade in einer zugespitzten Lebenskrise befinden oder die zumindest in ihrer Biographie traumatisierende Erfahrungen gemacht haben. Dies trifft wohl für alle Personen zu, die in einem Heim leben, im Gefängnis eingesperrt sind oder in die Psychiatrie eingewiesen werden, ohne daß sich dort alle auf diese Weise autoaggressiv verhalten. Die Hierarchien dieser Institutionen verhindern i.d.R. selbst das geringste Ausmaß an Autonomie, die Mädchen und Frauen leiden darunter, kein selbstbestimmtes Leben führen zu können. Sie erfahren, daß ihr autoaggressives Verhalten nicht gebilligt wird und daß immer wieder versucht wird, die Selbstverletzungen zu unterbinden. Das Ritzen wird demnach am häufigsten in gesellschaftlichen Bereichen beobachtet, die die meisten Mädchen und Frauen unserer Gesellschaft glücklicherweise nicht aus eigener Erfahrung kennen, insofern sind diese Klientinnen für die weibliche Gesamtbevölkerung unseres Landes keineswegs repräsentativ. Trotzdem sind ritzende Mädchen und Frauen nicht ohne weiteres zu einer Randgruppe zu zählen.

Eine Expertin berichtet, daß sie eine Gruppe von sieben Mädchen betreut, von denen sechs bereits mehrfach geritzt haben. Keller et al. (1993) schreiben in ihrem Begleitforschungsbericht über die Zufluchtstelle für Mädchen und junge Frauen, daß sich dort jede vierte Bewohnerin selbst Schmerzen zufügte, wobei „die meisten Mädchen (...) ritzten" (ebd., S. 104).[8]

Pao (1969) hingegen berichtet lediglich von 23 Frauen und vier Männern, die er im Zeitraum von zehn Jahren in seiner Klinik kennengelernt hat. Diese Zahl erscheint im Vergleich zu Kellers Angaben sehr gering. Insofern wäre es interessant, an anderer Stelle zu untersuchen, ob die Häufigkeit des Ritzens in den letzten 20 Jahren zugenommen hat.

Individuelle Häufigkeit

Die Mädchen und Frauen, die über einen längeren Zeitraum immer wieder ritzen, tun dies unterschiedlich häufig. Manche schneiden sich phasenweise sehr häufig bis täglich (bzw. jede Nacht, denn oftmals verletzen sie sich nachts). Einige Mädchen beschädigen ihre Haut so oft, daß sie bald keine Stelle mehr an ihrem Körper finden, die nicht vernarbt ist. Dann ritzen sie erneut auf bereits vernarbtes Gewebe, so daß mehrere Ritzschichten übereinander entstehen. Andere wiederum schneiden sich seltener oder sogar insgesamt nur ein- bis zweimal. In der Zeit, in der die Wunden abheilen, aber noch zu sehen sind, ritzen die meisten Mädchen und Frauen jedoch nicht.

[8] Während des Erhebungszeitraums von 26 Monaten verhielten sich etwa 29 Mädchen autoaggressiv. Wieviele davon tatsächlich ritzten, bleibt unklar, jedoch scheint es eine erhebliche Anzahl der 29 Mädchen gewesen zu sein.

In der Regel besteht die Tendenz, sich wieder zu verletzen, wenn ein Mädchen erst einmal angefangen hat zu ritzen, d.h. die Hemmschwelle sinkt meistens mit der Anzahl der Selbstverletzungen (vgl. Pao 1969).

Gefährlichkeit

Ein Mädchen, das sich gerade selbst verletzt hat, bietet zunächst ein schockierendes Bild. Sie kommt mit blutüberströmten Armen zu der Betreuerin, um sich versorgen zu lassen - eine dramatische Szene.

Grundsätzlich wird die Selbstverletzung der Haut von Außenstehenden zunächst mit einer Selbsttötung assoziiert, zumal die Betreffenden oft an der Innenseite der Unterarme ritzen. Es ist aber anzunehmen, daß die meisten Mädchen und Frauen wissen, daß sie beim Öffnen der Pulsadern der Länge nach schneiden müßten, um sich umzubringen. Die Erfahrung zeigt jedoch, daß sie entweder in ausreichendem Abstand oder quer zu den Pulsadern schneiden, d.h. bereits an der Art des Schnittes kann man sehen, ob ein Suizid beabsichtigt war. Dies aber ist beim Ritzen nicht der Fall.

Dennoch besteht immer auch das Risiko, den Schnitt falsch anzusetzen und sich damit stärker zu gefährden als eigentlich vorgesehen. Zum Teil ist dieses Risiko sogar reizvoll und es wird damit gespielt. Trotzdem ritzen Mädchen und Frauen nicht in suizidaler Absicht.

Meine Interviewpartnerinnen empfinden es aufgrund ihrer Erfahrungen nicht als bedrohlich, wenn ein blutendes Mädchen zu ihnen kommt, auch wenn die Situation schlimm aussieht. In keinem Fall sahen sie das Leben eines Mädchens durch die Selbstverletzung gefährdet. Trotzdem ist dieses Verhalten sehr ernst zu nehmen und darf nicht bagatellisiert werden. Häufig besteht die Schwierigkeit darin, einzuschätzen, wie tief die Wunden sind und schnell zu entscheiden, ob eine ärztliche Versorgung notwendig ist.

Heimlich oder öffentlich?

In der Regel ziehen sich die Mädchen und Frauen zurück, um sich selbst zu verletzen. Dabei kann die Art des Rückzugs unterschiedlich sein. Manche verschwinden, ohne andere darauf aufmerksam zu machen und ritzen eher in Verschwiegenheit. Es sind jedoch wenig Mädchen, die ihre Selbstverletzung gänzlich verheimlichen. Andere wiederum ziehen sich auf theatralische Weise zurück, um bereits damit das Augenmerk auf ihre bevorstehende Selbstschädigung zu richten. Sie kommen anschließend, um ihre Wunden demonstrativ zu zeigen.

Auch wenn die Handlung selbst fast immer heimlich stattfindet, ist das Ritzen keine private Sache (vgl. Burstow 1992). Ganz im Gegenteil könnte man eher von einer sozialen Handlung sprechen. Früher oder später präsentieren die Mädchen oder Frauen ihre Wunden oder sie haben zumindest den Wunsch, entdeckt zu werden. Plassmann et al. (1986) fassen deshalb das Ritzen unter dem Begriff der offenen Selbstbeschädigung, da die sich selbst schädigende Person ihr Verhalten nicht verleugnet.

Über das Ritzen treten die Mädchen und Frauen in Beziehung zu anderen und drücken etwas aus, was ihnen über die Sprache nicht möglich ist. Zudem können sie über die Selbstverletzung testen, wie andere Personen auf sie reagieren, wenn sie sich in eine dramatische Situation begeben. Sie verstecken ihre Wunden und Narben nur, wenn es der Situationskontext erfordert, d.h. wenn sie befürchten, daß ihr Verhalten unangenehme Konsequenzen nach sich ziehen könnte.

Aber auch das Verbergen kann so auffällig geschehen, z.B. in dem der Pullover weit bis in die Handflächen hineingezogen wird, daß es andere bemerken müssen. Die Art des Verbergens kann somit schon zu einem Erkennungszeichen werden.

Ritzen als nachahmendes Verhalten

Die meisten Mädchen oder Frauen kommen von selbst darauf, daß sie über die Beschädigung der Haut in ausweglos erscheinenden Situationen eine entspannende Wirkung erreichen können. Dies trifft hauptsächlich für junge Frauen zu, die mehrmalig gezwungen waren, sich in starren Institutionen wie Psychiatrie und Gefängnis aufzuhalten. Manchmal sind sie erstaunt, wenn sie erleben, daß sich andere auf die gleiche Art und Weise verletzen. Nicht selten ist das für sie Anlaß genug, ihre eigenen Selbstbeschädigungen zu beenden, weil die „Exklusivität" des Ritzens schwindet. Es ist aber wahrscheinlich, daß sie dann auf andere Verhaltensweisen zurückgreifen, die entspannend wirken.

Manche hingegen beginnen zu ritzen, wenn sie sehen, daß andere Personen dies tun. Das Ritzen geschieht dann als nachahmendes Verhalten, d.h. wenn ein Mädchen sehr stark ritzt, kann sie auf andere eine Sogwirkung ausüben, ohne dies absichtlich zu wollen.

Einige Expertinnen berichten, daß Ritzen im Rahmen der Gruppendynamik zu einer Modeerscheinung werden kann. Es kann zu einem Sport oder zur Mutprobe werden, gemeinsam zu ritzen.

Das Ritzen in der Gruppe kann vordergründig Zusammengehörigkeits- und Innigkeitsgefühle vermitteln, die Mädchen fühlen sich dann gemeinsam einsam. Das Gemeinsame ist der Frust und der Protest gegen aktuelle Lebensbedingungen und leidvolle Erfahrungen, dennoch leidet jede für sich. So kann das Ritzen vorübergehend eine identitätsstiftende Qualität erhalten, auch wenn die Gemeinschaft eigentlich eine Illusion ist. Die Phantasie der Gemeinsamkeit wirkt zwar entlastend, in der Realität kann sie aber häufig nicht hergestellt werden.

Insgesamt bleibt unklar, ob dem Ritzen in der Gruppe dieselbe entlastende Funktion zukommt wie dem Ritzen aus sich selbst heraus.

Psychosoziale Auslöser

In diesem Kapitel befasse ich mich mit den externen Begleitumständen und den innerpsychischen Konflikten des Ritzens. Die auslösenden Bedingungen und Aspekte der Psychodynamik, die das Ritzen begleiten, werden beschrieben und erklärt. Grundlage dafür sind die Beschreibungen und die theoriegeleiteten Interpretationen meiner Interviewpartnerinnen. Ich versuche, ihre Interpretationen darzustellen, fortzuführen und an einigen Stellen mit den Aussagen anderer AutorInnen in Verbindung zu bringen.

Aktuelle Auslösesituationen

Dem Ritzen müssen nicht grundsätzlich markante Situationen vorausgehen, die dem Mädchen derart bedrohlich erscheinen, daß ihr nur noch die Selbstbeschädigung als letzte Handlungsmöglichkeit bleibt. Dennoch lassen sich häufig auslösende Bedingungen rekonstruieren, wenn man mit den Mädchen oder Frauen gemeinsam analysiert, in welchen Situationen sie sich zuvor befanden. Grundlegend für das Ritzen ist jedoch immer ein seelischer Konflikt, der mit Deprivationserfahrungen aus der Herkunftsfamilie zusammenhängt, und der zu einer labilen Grundstimmung führt. Wenn zu dieser Stimmung eine äußere Konfrontation hinzukommt, kann diese die Gesamtsituation so ausweglos erscheinen lassen, daß die junge Frau keine Möglichkeit sieht, sich für ihre Wünsche und Bedürfnisse einzusetzen. Das Ritzen wird dann zu einer extremen Art, in Krisensituationen zu agieren oder sich abzureagieren. Dabei ist für Außenstehende die Bedrohlichkeit der Situation oft nur schwer nachzuvollziehen.

Alle möglichen Auslösesituationen rühren an innere Wunden oder betreffen zumindest ein sehr persönliches Anliegen der Frauen. Dabei geht es meistens um fundamentale Themen wie Beziehung, Liebe, Verlust, Versagung oder Wahrung von Autonomie (Freiheit). Zu der allgemeinen depressiven Befindlichkeit mit dem Gefühl innerer Leere kommt dann der Eindruck, zu wenig Aufmerksamkeit zu bekommen. Die Mädchen sind enttäuscht, wütend und traurig, weil sie sich mißachtet fühlen und zutiefst verletzt sind. Wie lassen sich nun Situationen beschreiben, die dem Ritzen vorausgehen können?

Veränderungen in Beziehungen

Die Mädchen und Frauen befinden sich häufig in Situationen, in denen sich ihre Beziehungen verändern. Da die meisten vorübergehend in irgendwelchen Einrichtungen leben, verändert sich ihr gewohntes Umfeld, ihre bekannten Bezugspersonen sind nicht mehr in unmittelbarer Nähe und sie müssen sich immer wieder auf neue Personen einstellen, die sie betreuen. Diese Veränderung erfordert enorme Anpassungsleistungen. In ihrer vertrauten Umgebung (Familie) konnten sie sich real erfahren, obwohl ihre Lebensbedingungen häufig katastrophal waren. Sie hatten ihren Platz in der Familienhierarchie und wußten, daß ihre Bedürfnisse und Wünsche, wenn überhaupt, nur selten zählen. Es gab für sie kaum Möglichkeiten, Beziehungen auch nach ihren Vorstellungen zu gestalten. Es mag zwar paradox klingen, aber solche Beziehungskonstellationen haben - auf erschütternde Weise - auch eine gewisse Klarheit. Nach dem Umgebungswechsel ist nun alles anders. Es gilt, für die eigenen Beziehungen etwas zu tun. Sie müssen ausgehandelt werden, die junge Frau muß sich einbringen und sich für sich selbst einsetzen. Ihre bisherigen Beziehungserfahrungen helfen ihr dabei nicht, die gewohnten Verarbeitungsmechanismen scheinen nach der Umgebungsveränderung nicht mehr zu funktionieren. Vielleicht ahnen die Mädchen, daß ihre Flexibilität begrenzt ist. In der Folge fühlen sie sich schnell abgewertet und ungeliebt, denn dieses Gefühl ist ihnen aus ihrer Kindheit bestens bekannt.

Die Schwierigkeiten in Beziehungen können sehr konkrete Gestalt annehmen: Ärger mit anderen Mädchen und Frauen, mit dem Freund oder einer Freundin, unangenehme Kontakte mit den Eltern oder anderen Familienmitgliedern, Auseinandersetzungen mit Betreuerinnen. Kontakte zum Jugendamt, Gerichtstermine, psychiatrische Begutachtungen, abgesagte Besuche im Gefängnis und verschobene Entlassungstermine werden als übergroße Belastung empfunden. Bei all diesen Situationen fühlen sich die jungen Frauen oft wehrlos, sie haben das Gefühl, weder Einfluß nehmen, noch sich schützen zu können. In diesem Sinn verstehe ich Simpson (1975), der häufig beobachtete, daß ausweglose Beziehungssituationen dem Ritzen vorausgehen.

Häufig wird auch das Thema Verlust in irgendeiner Form berührt. Dabei kann es sich um tatsächliche Verlusterlebnisse handeln, wenn beispielsweise der Freund die Freundschaft aufkündigt. Sachsse (1989) meint, daß bereits das Alleinsein einen innerseelischen Spannungszustand hervorruft, der als Objektverlust verarbeitet wird. Ebenso können die Mädchen in einer permanenten Angst vor Verlusten leben oder sich durch eine bevorstehende Trennung bedroht fühlen. Da die meisten Mädchen und Frauen Probleme mit Beziehungen haben, kann sich der Verlust aber auch in einem diffusen Gefühl von Beziehungslosigkeit manifestieren, das in der Regel unbewußt ist. Zudem erleben sie Versagungen, die von außen kommen, als Verlust, weil sie nicht das erreichen können, was sie sich wünschen.

Die meisten Mädchen haben ambivalente Beziehungseinstellungen. Sie sehnen sich nach unendlicher Nähe und Wärme, die uneingeschränkte Aufmerksamkeit einer Person soll ihnen immer sicher sein, gleichzeitig sind sie aber nicht in der Lage, diese Nähe überhaupt auszuhalten. Denn Nähe birgt auch immer die Möglichkeit des Verlassenwerdens in sich. Außerdem fürchten sie, in engen Beziehungen abhängig zu werden, ohne sich selbst daraus wieder befreien zu können. In diesem Geschehen sehen sie ihre eigenen unbewußten Anteile nicht. Sie spüren ihren sehnlichen Wunsch nach Liebe und Geborgenheit und leiden darunter, wenn dieser nicht nach ihren Vorstellungen erfüllt wird. Aber sie bemerken nicht, daß sie sich nicht einlassen können und jede Verbindlichkeit scheuen.

Vor dem Hintergrund der Ambivalenz haben die Beziehungsveränderungen Konsequenzen. Sie bringen das prekäre Gleichgewicht zwischen Wünschen und Erfahrungen ins Wanken. Es besteht darin, daß Liebe und Zuwendung nur in dem Maß zugelassen werden, in dem keine emotionale Abhängigkeit ensteht und daß Auseinandersetzungen nur geführt werden, solange sich das Mädchen dadurch nicht abgelehnt fühlt. Denn Liebe hieß im bisherigen Leben, daß jemand anderes Bedingungen diktiert, und daß das Mädchen dafür einen hohen Preis zahlen muß. Und Auseinandersetzung war gleichbedeutend mit Ablehnung der ganzen Person. In neuen Beziehungen erfahren die Mädchen aber, daß Auseinandersetzungen auch konstruktiv und beziehungsfördernd sein können und daß emotionale Verbundenheit nicht immer ausgenutzt wird. Sie müssen erst lernen, damit umzugehen. Denn es ist eine schwere Entwicklungsaufgabe, die labile Balance in eine stabile Basis umzuwandeln.

Autonomie-Abhängigkeits-Konflikt

Die Mädchen und Frauen leben über lange Strecken in dem Gefühl, von anderen Menschen abhängig zu sein, was häufig auch der Realität entspricht. Im Gefängnis, in der Psychiatrie und auch im Heim entscheiden immer andere über die Länge ihres Aufenthaltes. Dabei haben sie ein deutliches Gespür für Asymmetrie in ihren Beziehungen, denn seit ihrer Kindheit wissen sie, wie es sich anfühlt, wenn die eigenen Bedürfnisse wenig berücksichtigt werden. Sie haben gelernt, sich selbst nicht ernst zu nehmen und fühlen sich sehr schnell hilflos. Diese Hilflosigkeit betrifft sowohl den Umgang mit ihren Erfahrungen und ihren schmerzlichen Gefühlen, als auch den Kontakt zu anderen Menschen.

Viele Mädchen stehen ohnmächtig den Gewalterfahrungen gegenüber, die sie gemacht haben, auch wenn sie der realen Situation nicht mehr ausgesetzt sind. Aber immer wieder ergreifen die damit verbundenen Gefühle Besitz von ihnen, ohne daß sie sich ihrer erwehren können.

Sie haben schnell das Gefühl, daß irgendetwas gegen sie vorgeht. Dabei erleben sie Versagungen als ungerecht und fühlen sich dadurch eingeengt. Sanktionen erinnern sie an schmerzliche Erlebnisse aus ihrer Herkunftsfamilie, so daß es ihnen nicht möglich ist, diese mit einer gewissen Distanz zu betrachten. Es fällt den Mädchen schwer, Grenzen zu akzeptieren, ohne sich dadurch total abgelehnt zu fühlen. Sie leben in dem permanenten Gefühl, ihr Leben nicht selbst in die Hand nehmen zu können, weil ihre Gestaltungsmöglichkeiten immer durch andere begrenzt werden - was objektiv häufig zutrifft. Dabei kommt erschwerend hinzu, daß sie sich selbst nichts zutrauen und Angst davor haben, selbständig zu werden, weil sie fürchten, dann getrennt und allein zu sein. In ihrer Not fühlen sie sich unverstanden, ihr Leiden erleben sie als so unermeßlich, daß es für niemanden mehr nachvollziehbar ist.

Wenn bei den Mädchen oder Frauen zu dieser Grundstimmung eine für sie existentiell erscheinende Versagung hinzukommt, kann sich ihre Krise derart zuspitzen, daß sie sich unfähig fühlen, mit der Situation zurechtzukommen. Die Selbstverletzung wird dann für sie zu einer realen Handlungsmöglichkeit.

Das vorher Gesagte läßt sich zusammengefaßt auf einen theoretischen Nenner bringen: Autonomie verspricht emotionale Unabhängigkeit und ist deshalb erstrebenswert und Beziehungen werden leicht zur Abhängigkeitsfalle und sind infolgedessen bedrohlich. Diese unbewußte Vorstellung wurzelt in den individuellen Beziehungserfahrungen, die die Mädchen in ihrem bisherigen Leben gemacht haben. Aber sie befinden sich auch in einem Dilemma, das alle Frauen in unserer Kultur betrifft. „Die Frau in unserer Gesellschaft ist in dem Doublebind gefangen, sie solle unter dem Druck der Gesellschaft die traditionelle weibliche Rolle der Versorgerin und Hüterin von Beziehungen spielen, gleichzeitig aber auch nach Autonomie streben; damit ist sie in einen tiefreichenden Identitätskonflikt gestürzt.“ (Litwin 1992, S.194). Das Autonomiebestreben wird für Frauen notwendig, weil sie mit ihren Werte - und dazu gehört die Beziehungsneigung von Frauen - gesellschaftlich geringschätzt werden. Streng genommen läßt die gesellschaftliche Vorgabe nur zwei Wege offen: Frauen können sich für ihre Autonomie einsetzen, nehmen dafür Distanzierung und Nichtbeteiligtsein in Kauf, und gelten damit letztlich als unweiblich. Oder sie leisten weiterhin die „Beziehungsarbeit“ und erdulden gleichzeitig ihre eigene Abwertung. Doch egal wie sie sich entscheiden, sie werden immer in dem Gefühl leben, daß ihnen etwas fehlt. Deshalb versuchen sie, beide Wege zu einem zusammenzuführen, was zu einem artistischen Drahtseilakt wird. Erst wenn „der Mythos der Autonomie, der die Abhängigkeit der Menschen voneinander leugnet“ (Steiner-Adair 1992, S.250) überwunden wird, und die Notwendigkeit von Bindung und Beziehung eine angemessene gesellschaftliche Bewertung erfährt, werden Frauen die an sie gestellten Anforderungen nicht mehr als Zerreißprobe empfinden.

Alle Mädchen und Frauen müssen für sich eine Möglichkeit finden, mit diesem Konflikt umzugehen. Aber bei jungen Frauen, die ritzen, scheint mir diese Spannung besonders brisant zu sein. Sie haben Abhängigkeit in verletzender Form erlebt und sind als Mädchen verachtet worden. Der Wunsch nach Autonomie und damit verbundener Aufwertung ist die logische Konsequenz. Dabei verwandelt sich die Vorstellung von einem selbstbestimmten Leben oftmals in verzerrte Autarkievorstellungen. Gleichzeitig spüren sie intuitiv, daß es nur Beziehungen sind, die ihnen dabei helfen können, das Vertrauen in andere Menschen wiederzufinden. Aus diesem Grund sind manche Mädchen bereit, für eine Beziehung alles zu tun, auch wenn es ihre Grenzen übersteigt. Andere ziehen sich in sich selbst zurück. Sie sind verschlossen und für andere kaum mehr zu erreichen. In beiden Fällen geht es um den Versuch, den Konflikt zwischen Autonomie und Bindung zu lösen. Eine Lösung kann aber nur darin bestehen, das eigene Bedürfnis nach Beziehungen *und* Selbständigkeit zu akzeptieren. Die jungen Frauen müssen lernen „(...) sich als Menschen zu fühlen, deren Ideen ein Ausdruck ihrer selbst sind, wichtig und gültig.“ (Litwin 1992, S.221). Und sie müssen erfahren, daß Autonomie im Sinne einer Selbstdefinition, nur in Beziehungen erlernt werden kann.

Die Selbstverletzungssituation

Gefühle vor dem Ritzen

Bevor die Mädchen ritzen, befinden sie sich in extremer innerer Spannung und Unruhe. Die meisten verdrängen ihre schmerzlichen Gefühle, so daß sie sich taub, leer und völlig haltlos fühlen. Sie können sich selbst kaum noch wahrnehmen, und fürchten, sich zu verlieren und verrückt zu werden. Da sie sich selbst nicht mehr spüren, fühlen sie sich verlassen und verloren. In dieser absoluten Verzweiflung ist es ihnen nicht mehr möglich, mit irgendjemand über ihre Situation zu sprechen. Die Flut der seelischen Ausweglosigkeit droht sie zu überspülen, so daß sie nicht mehr an sich halten können und agieren müssen. Um diesen unerträglichen Zustand abzuwenden, fügen sie sich Schmerzen zu, über die sie sich wieder spüren können und die sie in der Realität halten.

Gefühle während des Ritzens

Das Ritzen ist ein sehr impulsives Geschehen, währenddessen sich die Mädchen oder Frauen in einem nebulosen, tranceähnlichen Zustand befinden. Die Welt um sie herum scheint zu versinken. In dem Moment erscheinen sie im körperlichen und psychischen Ausdruck nahezu gefühllos, der Körper ist von ihrem Empfinden abgespalten. Dennoch haben manche ein unangenehmes Gefühl, bevor sie den ersten Schnitt ansetzen und sie müssen sich dazu überwinden. Während sie in ihre Haut schneiden, spüren sie zunächst keinen Schmerz. Es ist zwar sehr wahrscheinlich, daß die Mädchen währenddessen etwas spüren, aber sie sagen, daß es nicht weh tut. Häufig fühlen sie sich erleichtert, wenn der erste Blutstropfen hervorquillt, nach dem vorhergegangenen Chaos tritt nun Entlastung ein.

Es ist kaum möglich, anhand dieser Beschreibungen den Begriff des Spürens genau zu definieren, das Spüren läßt sich zumindest nicht eindeutig und positiv benennen. Klar ist, daß die Mädchen den emotionalen Druck von vorher im Moment des Schneidens nicht mehr spüren, und sie scheinen auch keinen Schmerz zu empfinden. Auch wenn im Ritzen der Wunsch liegt, sich zu spüren, so geht es währenddessen auch um Nicht-Spüren. An dieser Stelle wäre es aufschlußreich, Mädchen und Frauen nach ihrem konkreten subjektiven Erleben im Augenblick der Selbstverletzung zu fragen.

Gefühle nach dem Ritzen

Unmittelbar nach dem Ritzen empfinden die Mädchen eine kurzzeitige Erleichterung und eine gewisse Befriedigung, wenn die Wunden zu schmerzen beginnen. Es tritt Entspannung und Ruhe ein. Zumindest vorübergehend haben sie sich von einem unerträglichen Zustand befreit, denn nun können sie sich über den Schmerz spüren. Der Schmerz ist ein besseres Gefühl als gar kein Gefühl, er vermittelt ihnen den Eindruck, noch am Leben zu sein. Sie können sich mit den Wunden beschäftigen und über die Schmerzen klagen. Dabei ist es einfacher, wegen körperlicher Schmerzen zu weinen als wegen Verzweiflung und Traurigkeit. Der physische Schmerz ist besser zu kontrollieren und damit weniger bedrohlich als unkalkulierbare Gefühle; diese müssen wegen ihrer Unabsehbarkeit eher verdrängt werden.

Nach dem Ritzen kümmern sich andere Personen um die Mädchen und versorgen ihre Wunden. Die Aufmerksamkeit, die ihnen zuteil wird, tut gut und gibt ihnen das Gefühl, wichtig zu sein. Insgesamt läßt sich sagen, daß es den Mädchen und Frauen kurz nach dem Ritzen besser geht als vorher, sie haben also zunächst im positiven Sinn etwas für sich verändert.

Wenn sie aber wieder etwas Abstand zu ihrer Selbstverletzung gewonnen haben, stellen sie fest, daß es ihnen keineswegs besser geht, sondern daß sie sich mindestens genauso leer und verzweifelt fühlen wie vorher. Sie werten sich selbst ab, weil sie in ihrer Not wieder nicht anders mit sich umzugehen wußten, als sich zu verletzen. Damit können sie sich ein weiteres Mal bestätigen, daß sie nichts schaffen und nichts richtig machen. Und mit diesen Gedanken können sie sich dann richtig „runterziehen", sich ganz schlecht und unendlich einsam fühlen. Dabei halten sich manche für gestört oder sogar für verrückt.

Einige können sich im Nachhinein gar nicht mehr vorstellen, daß sie sich selbst beschädigt haben; andere bereuen, daß sie es getan haben. Einige Mädchen und Frauen scheinen sich für das Ritzen zu schämen, wenn sie daraufhin angesprochen werden. „Selbstverletzung ist mit tiefer Scham und Demütigung verbunden. Aber es ist wichtig, darüber zu sprechen, denn genau wie Kindesmißbrauch wird auch Selbstmißhandlung in einem Klima des Schweigens nur schlimmer.“ (Bass/Davis 1991, S.203). Die Scham kann eine isolierende Wirkung haben. Wer sich schämt, fühlt sich einsam und ohnmächtig und kann durch andere nicht entlastet werden. Scham wirft die Betreffende auf sich selbst zurück und trennt sie vorübergehend von ihrer Umwelt. Manche Mädchen verdrängen aus diesem Grund die Scham, andere hingegen empfinden sie nicht.

Ebenso ist Schuld ein Gefühl, das nach dem Ritzen auftauchen kann. Da den Mädchen in ihrer Kindheit häufig eingeredet wurde, schuldig zu sein, laden sie für Geschehnisse Schuld auf sich, die sie in keiner Weise zu verantworten haben (Schuld an dem Tod eines Elternteils; Schuld daran, daß sie sexuell mißbraucht wurden etc.). Beim Ritzen sind sie nun tatsächlich zuständig, dafür können sie sich dann ganz und gar schuldig fühlen. Bei den Schuldgefühlen bleibt die Verbindung zur Umwelt aber immer erhalten. Das Mädchen ist ihrer Umgebung nicht nur etwas schuldig, sondern diese fordert etwas von ihr (z.B. eine Stellungnahme zu ihrer Selbstverletzung); Schuldgefühle veranlassen aus dem Grund zu sozialen Handlungen. Der Zugriff der Umwelt auf die Betreffende ist also notwendige Voraussetzung für ihre Schuldgefühle. Diese sind zwar unangenehm, garantieren aber eine gewisse Sicherheit, weil sie in der Interaktion bedeutsam sind.

Eine Expertin hat den Eindruck, daß das Ritzen auch eine lustvolle Komponente beinhaltet. Dennoch verfolgen die Mädchen mit dem Ritzen nicht das Ziel, Lust am Schmerz zu erleben. Das Lustvolle ist eher in Verbindung mit Stolz zu verstehen, den die Mädchen manchmal nur schlecht verbergen können. Sie sind stolz darauf, so abgehärtet zu sein, daß sie den selbst zugefügten Schmerz nicht sofort spüren, oder ihn überwinden können. Damit können sie sich ihre Stärke beweisen; ihnen kann so leicht niemand etwas anhaben. Dahinter steht der Wunsch, unverletzbar zu sein. Wenn man davon ausgeht, daß das Ritzen eine Wiederholung von Verletzungen ist, die der Betreffenden früher von anderen Personen zugefügt wurden, dann läßt sich der Stolz nur als Abwehrmechanismus interpretieren. Dieser trägt dazu bei, die tatsächliche seelische Verletzung nicht sehen zu müssen. Ansonsten wäre es grotesk, hinsichtlich der eigenen Selbstverletzung Stolz zu empfinden.

Zudem ist das Hinweggehen über Schmerzen eine eher männliche Umgangsweise mit dem Körper. „Ein Indianer kennt keinen Schmerz“ steht für Stärke und Unverletzbarkeit. Das Sich-Spüren darf dabei so wenig sein, daß es verleugnet werden muß.

In dieser Hinsicht zeigt sich beim Ritzen ein Widerspruch. Einerseits haben die Mädchen die Sehnsucht, sich selbst zu spüren, andererseits wird das Sich-Spüren unbewußt mit Schwäche und Weichheit verknüpft und abgelehnt. Denn sich zu spüren beinhaltet auch, verletzbar zu sein und Angst zu empfinden. Beide Gefühle haben ständig ihr Leben begleitet, und damit soll jetzt endlich Schluß sein. Der Widerspruch umfaßt einen Spaltungsprozeß: der Stolz über das eigene Abgehärtet- und Unabhängigsein ist dabei eine bewußte Haltung, die verbindungslos neben dem unbewußten Wunsch steht, daß sich andere kümmern sollen.

Bewußtheit und Selbstkontrolle

In der Regel sind die Gründe, warum die jungen Frauen ritzen, ihrem Bewußtsein nicht zugänglich. Sie wissen nicht, was sie dazu antreibt und den meisten ist nicht klar, ob und was sie mit ihrer Selbstverletzung erreichen wollen. Die psychische Ebene und die Dynamik des Verhaltens sind für sie nicht reflektierbar, die Motive sind ein Teil ihres Unbewußten. Mädchen, die aus Nachahmung ritzen, bilden dabei eher die Ausnahme von der Regel. Ihnen ist teilweise klar, daß Ritzen als Mittel zum Zweck dienen kann.

In der Selbstverletzungssituation ritzen die Mädchen spontan, ohne darüber nachzudenken, sie befinden sich in einem Sog und sehen sich gezwungen, sich zu schneiden. Damit erhält das Ritzen Suchtcharakter. Das Verhalten entgleitet mehr oder weniger der Kontrolle der Mädchen, es wird zu einem Zwang. Die Möglichkeit, sich dagegen zu entscheiden, besteht häufig nicht. Solange der Drang zu ritzen anhält, können sie es weder steuern noch unterlassen. Nur mit enormen Kraftaufwand könnten sie verhindern, daß sie sich weh tun; diese Kraft können sie aber in der Situation meistens nicht aufbringen. Die Mädchen wissen vorher nicht unbedingt, wann sie ritzen. Währenddessen vergessen sie sich selbst und reflektieren nicht, warum sie ritzen. Aber sie wissen, daß sie es tun; ihre Handlung ist ihnen zumindest teilweise bewußt.

Wie bei den meisten Verhaltensweisen liegen also auch beim Ritzen Unbewußtes und Bewußtes dicht nebeneinander: der Antrieb ist unbewußt, die Handlung selbst dürfte weitestgehend bewußt sein, auch wenn es sich um ein zwanghaftes Verhalten handelt, aber Zwanghaftigkeit und Bewußtheit schließen sich nicht aus.

Ritzen ist zudem ein Verhalten, das eine mehr oder minder bewußte Vorbereitung benötigt. Die Mädchen ziehen sich zum Ritzen zurück und haben ihren Ritzgegenstand zur Hand. Dabei hängt die Fähigkeit zur Bewußtheit sowohl von der individuellen inneren Problematik ab, als auch davon, wie lange ein Mädchen schon ritzt. Je mehr Erfahrungen sie mit dem Ritzen hat, desto bewußter wird sie sich der Wirkung sein, die sie damit erzielt, auch wenn sie diese nicht entschieden plant.

Burstow (1992) ist ebenfalls der Ansicht, daß interne und externe Faktoren bei der Selbstverletzung wirksam sind, so daß man letztlich nicht von einer freien Entscheidung zur Autodestruktion sprechen kann. Die Mädchen können die Selbstverletzung aber auch deshalb nicht als bewußte Entscheidung sehen, weil sie fürchten müssen, damit eine therapeutische oder persönliche Beziehung zu gefährden. Gleichzeitig spüren sie, daß sie ihre Selbstverletzungen nicht unterlassen können. Die Lösung ihres Dilemmas finden sie darin, sich weiterhin zu verletzen ohne darüber zu reflektieren, daß sie es tun und daß sie sich dafür entscheiden. Eine reflexive Auseinandersetzung wird erst möglich, wenn sie erfahren, daß ihr Ritzen akzeptiert, toleriert und vor allem verstanden wird.

Die Hintergründe ihres Verhaltens werden den Frauen erfahrungsgemäß erst im therapeutischen Prozeß oder zumindest in einem späteren Lebensabschnitt zugänglich. Wenn sie diese Bewußtheit erreicht haben, können sie meistens andere Handlungsmöglichkeiten entwickeln, die das Ritzen als Problemlösungsversuch überflüssig machen.

Selbstentfremdung

Vor und während des Ritzens befinden sich die jungen Frauen in einem Zustand der Selbstentfremdung, ihr Persönlichkeitsbewußtsein ist erheblich herabgesetzt (vgl. Kafka 1969; Miller/Bashkin 1974; Pao 1969; Sachsse 1989 und Simpson 1975.). Der eigene Körper wird ihnen fremd, in ihrer Handlung sind sie sich ihres Ichs nicht bewußt. Sie sind sich ihrer Existenz nicht mehr sicher, Gefühle können nicht mehr wahrgenommen oder benannt werden. Sie spüren sich selbst nicht mehr und fühlen sich losgelöst von allem, die Welt um sie herum scheint wie im Nebel zu versinken. Alles wird unwirklich, sie selbst eingeschlossen[9]. Diesem extrem angstmachenden Zustand „der (drohenden oder tatsächlichen, kt) Selbstauflösung und Fraktionierung“ (Sachsse 1989, S.103) muß etwas entgegengesetzt werden. Passiv fühlen sie sich einem Drang oder einer Macht ausgeliefert, die sie dazu veranlaßt, sich selbst zu schneiden.

Über das Ritzen holen sich die Mädchen und Frauen in die Realität zurück, sie kommen sich selbst und ihrer Umwelt wieder näher. Sie beweisen sich, daß sie noch da sind, denn nun können sie sich spüren. Der langsam einsetzende Schmerz ist ein klares Gefühl, das zu ihnen gehört.

Dieser Prozeß ist ein entscheidender, wenn nicht sogar der wichtigste Aspekt in der Dynamik des Ritzens. Denn bei längerem Verbleiben in diesem depersonalisierten und derealisierten Zustand würde es sich um ein psychotisches Erleben handeln. Die Mädchen greifen aber immer wieder aktiv ein, um sich davor zu bewahren. Schon allein aus diesem Grund hat das Ritzen seine Berechtigung, es erhält antipsychotische Wirkung.[10]

---

[9] Da Frauen grundsätzlich darauf ausgerichtet sind, gefühlsmäßig zu sein, erleben sie diesen Zustand der Abspaltung ihrer Gefühle vermutlich stärker als Defizit, als Männer dies tun.

[10] In klinisch-diagnostischen Klassifikationssystemen wird das Phänomen Ritzen als Symptom der Borderline-Persönlichkeitsstörung eingeordnet (z.B. DSM-III-R 1989 „Selbstverstümmelnde Verhaltensweisen“ als Kriterium 5 der BPS 301.83).

Spaltung zwischen Körper und Selbst

Dissoziation beschreibt einen Zustand, in dem Körper und Selbst in der Vorstellung auseinandertreten. Der Körper wird vom Empfinden abgespalten, er wird vorübergehend nicht mehr als zum Selbst zugehörig erlebt.

Wenn in wesentlichen Bereichen Gefühle nicht wahrgenommen werden können, ergibt sich in der Folge auch ein mangelndes Körpergefühl oder umgekehrt. Die Frauen, die sich immer wieder selbst schädigen, haben auch in den Phasen zwischen dem Ritzen keinen engen Bezug zu ihrem Körper. Das kann sich unter anderem in einer gestörten Temperaturwahrnehmung zeigen (die Mädchen kleiden sich oftmals nicht entsprechend der vorherrschenden Temperaturen). Aufgrund ihrer Gewalterfahrungen - die weitaus meisten haben Gewalt in den verschiedensten Formen erlebt - haben sie gelernt, den Körper und ihre Gefühle abstumpfen zu lassen, um diese so aus ihrem Bewußtsein auszublenden. Nur mit dieser Strategie waren sie in der Vergangenheit dazu fähig, ihre bedrohlichen Erlebnisse zu überleben.

„Der eigene Körper ist vom Selbst abgespalten und wird als fremdes, bedrohliches, verhaßtes Objekt schlecht bemuttert.“ (Sachsse 1989, S.100). Für Außenstehende ist diese Spaltung sehr deutlich zu spüren. Die Mädchen selbst empfinden sie nicht so stark, weil sie gar nicht mehr wissen, wie es sich anfühlt, den eigenen Körper als zugehörig zu empfinden. Wenn sie ein einheitliches Gefühl für sich hätten, müßten sie sich nicht verletzen, um sich in der Realität zu halten.

Vor dem Ritzen ist die Abspaltung besonders intensiv, die Mädchen sind sehr entfernt von ihrem Körper. Sie fürchten nicht nur, ihr Selbst zu verlieren, manchmal wissen sie nicht, ob ihr Körper noch zu ihnen gehört. Die Abspaltung des Körperselbst erhält damit die Funktion, das Gesamtselbst vor der völligen Desintegration zu bewahren (vgl. Hirsch 1989). Ein Teil wird geopfert um das Ganze zu retten. Damit wiederholen die Mädchen eine Strategie, die bei früheren Übergriffen auf ihren Körper ihr psychisches Überleben sicherte: der Körper wird abgespalten, weil die körperlichen Empfindungen nicht mehr der eigenen Kontrolle unterliegen und nicht aushaltbar sind. Dieser ehemals notwendige Mechanismus blockiert die Wahrnehmung aller Gefühle, die sich körperlich manifestieren, auch wenn zum Zeitpunkt des Ritzens der Körper nicht mehr durch eine andere Person bedroht wird. Der Körper ist während der Selbstdestruktion nur in der Funktion als Träger von Schmerzen real. Der Schnitt in die Haut ist konkret und lenkt - quasi wie ein Nebenschauplatz - von der psychischen Bedrohung des Gesamtselbst ab. Die Abspaltung des Körpers, die früher das Selbst schützte, ist inzwischen zur eigentlichen Bedrohung geworden.

Wenn die Mädchen ritzen, holen sie sich in die Realität zurück, es scheint, als würden sie damit ihr Selbst wiedergewinnen. Der dissoziative Zustand wird über das Ritzen vorübergehend relativiert, denn „SVV (Selbstverletzendes Verhalten, kt) ist das beste Anti-Dissoziativum.“ (Sachsse et al. 1996, S.15).

Langfristig gesehen bleibt die Abspaltung im Sinn eines Abwehrmechanismus aber bestehen. Die Mädchen können durch das Schneiden kein neues Körpergefühl entwickeln. Der Körper wird viel mehr zu einem Instrument der Abwehr, das die Angst vor der Selbstauflösung reduzieren soll. Scheinbar widersprüchlich steht der innige Wunsch daneben, dem eigenen Körper näher zu kommen und all seine Empfindungen wahrnehmen zu können. Beim Ritzen vollzieht sich nun eine Kompromißbildung, die beide Aspekte verbindet: Die Abspaltung des Körpers stützt das Selbst, und das Schneiden der Haut ermöglicht über den Schmerz eine körperliche Wahrnehmung.

Die Spaltung zwischen Körper und Selbst ist eine Vorbedingung des Ritzens. Eine Frau, die gelernt hat, sich selbst zu akzeptieren und ihre Körperwahrnehmungen zu integrieren, wird ihrem Körper nicht in der Form Schaden zufügen.

Verantwortung

In den Interviews habe ich die Expertinnen gefragt, ob die Mädchen und Frauen Verantwortung für ihre Selbstverletzung übernehmen können. Bei der Auswertung der Antworten ist mir aufgefallen, daß dieser Begriff zu undifferenziert ist.

Das Konzept Verantwortung ist sehr umfassend und kann damit alles oder eben auch nichts aussagen. Jede Interviewpartnerin hätte eigentlich zunächst klarmachen müssen, wie sie den Verantwortungsbegriff definiert. An dieser Stelle habe ich versäumt, genauer nachzufragen.

Verantwortung ist immer an soziale Normen gebunden. Jedes Verhalten wird dahingehend bewertet, welche Konsequenzen es hervorruft. Die Verantwortlichkeit für dieses Verhalten liegt dann darin, die möglichen Konsequenzen zu antizipieren und sie später für sich zu tragen. Nun stellt sich die Frage, ob sich eine Person überhaupt ritzen kann, wenn sie sich für sich selbst verantwortlich fühlt. Gesellschaftlich gesehen gilt ein unversehrter, gesunder Körper als Ideal. Diese Vorstellung legt nah, daß eine Person nur dann selbstverantwortlich handelt, wenn sie positiv mit ihrem Körper umgeht. Selbstverletzung und Verantwortlichkeit würden sich demnach ausschließen; ein Mädchen, das ritzt, kann keine Verantwortung für sich übernehmen. In diesem Fall käme dem Konzept Verantwortlichkeit eine moralische Dimension zu. Dieses Verständnis von Verantwortung greift jedoch in der Auseinandersetzung mit dem Ritzen zu kurz.

Die Mädchen und Frauen ritzen, unabhängig davon, ob ihr Verhalten ge- oder mißbilligt wird. Die moralische Bewertung ist für sie keine entscheidende Kategorie. Zudem sind sie auch bereit, die unmittelbaren Konsequenzen im wahrsten Sinn des Wortes zu tragen, sie ertragen die Schmerzen und behalten die Narben zurück.

Wenn der Begriff Verantwortung um den Aspekt der Selbstfürsorge[11] erweitert wird, dann handeln die Mädchen und Frauen in zweierlei Hinsicht selbstverantwortlich. Sie übernehmen Verantwortung dafür, daß sie sich mit ihren Wunden nicht in Lebensgefahr bringen, was durchaus als positives Lebenszeichen zu verstehen ist. Außerdem unterstützen sie sich selbst, wenn sie sich durch das Ritzen in der Realität halten und sich damit vor psychotischen Zuständen bewahren.

Nun bleibt noch die Frage, ob die Mädchen und Frauen die Gründe für ihr Handeln bei sich oder anderen suchen. In diesem Zusammenhang ist es treffender, von Selbst- und Fremdattribuierung (vgl. das Konzept der Selbstwirksamkeit von Bandura 1977b) als von Verantwortung zu sprechen.

Manchmal kann eine junge Frau dazu stehen, sich Gewalt anzutun, indem sie beispielsweise sagt, sie brauche die Selbstverletzung, um mit sich selbst zurechtzukommen. Sie erkennt sich dann als aktiv Handelnde, die versucht, ihre momentane Situation zu beeinflussen. Dieses Eingeständnis erfordert jedoch eine große Portion Selbstbewußtsein und eine gewisse Einsicht in die Dynamik des Geschehens. Beides kann sie meistens erst in einer Therapie unter Mühen für sich erarbeiten. Sobald sie ihre Täterinnenseite bewußt sieht, wird ihr ein reiferer Umgang mit sich möglich.

Die meisten Mädchen haben aber zunächst Schwierigkeiten, bei der Suche nach Gründen für ihre Autoaggression bei sich zu bleiben. Sie sehen sich häufig als Opfer ihrer bisherigen Lebensverhältnisse - was sie zweifelsohne auch sind - ohne zu erkennen, daß sie inzwischen selbst die Regie für ihre Verletzungen übernommen haben. Die Gründe dafür schreiben sie anderen Personen zu, von denen sie sich verraten, verlassen oder abgelehnt fühlen. Der Umstand, daß sie in einer Einrichtung untergebracht sind, die sie nicht selbst wählen können, veranlaßt sie, sich zu ritzen. Damit projizieren sie die Gründe ihres Verhaltens nach außen, um sich zu schützen.

Andere erklären ihre Selbstbeschädigung als einen einmaligen Ausrutscher, der dann aber doch häufiger vorkommt. In diesem Fall ist zwar die Fremdzuschreibung nicht so offensichtlich, dennoch distanzieren sich die Mädchen damit von ihrer Handlung.

Grundsätzlich ist aber immer auch der aktuelle Kontext dafür ausschlaggebend, ob ein Mädchen zu ihrer Selbstverletzung stehen kann oder nicht. Vor einer vertrauten Person versteckt sie die Wunden nicht und sie muß sich weniger schämen als vor Fremden, die nach dem Anlaß der Verletzung fragen. Erst wenn ein Mädchen sich mit ihrer Selbstverletzung akzeptiert und ernstgenommen fühlt, wird sie langsam die aktiven Anteile ihres Handelns bewußt wahrnehmen können, anstatt das Ritzen auf die vorbewußte Ebene zu verlagern. Das umfassende Gefühl des Akzeptiertseins ist somit die Grundlage dafür, Verantwortung zu übernehmen.

---

[11] Vgl. dazu Sachsse (1987) in seinem Artikel „Selbstbeschädigung als Selbstfürsorge".

Rita stellt fest, daß Mädchen und junge Frauen beim Thema Verantwortung stark polarisieren. Entweder liegen alle Gründe für jegliches Verhalten nur außen, alles, was passiert, geht ausschließlich gegen sie. Oder nur sie selbst sind für alles verantwortlich, sie haben versagt und sind an allem schuld. Das würde bedeuten, daß Selbst- und Fremdzuschreibung nicht vermischt werden. Dabei wird in der Fremdattribuierung das Selbst immer in Beziehung zu oder in Abhängigkeit von anderen konstruiert, die reine Selbstzuschreibung, oder besser gesagt Selbstbezichtigung, kann hingegen Isolation signalisieren. Insofern kann es nicht darum gehen, nur eine von beiden Zuschreibungsmöglichkeiten als angemessen zu bewerten. Ein reifer Umgang mit Verantwortung läge darin, die Gründe für das eigene Verhalten sowohl bei sich zu suchen, als auch den Kontext zu benennen, der das Verhalten mitveranlaßt.

Havighurst (1972, nach Oerter/Montada 1987) geht davon aus, daß die Gewinnung eines sozial verantwortlichen Verhaltens eine der zentralen Entwicklungsaufgaben des Jugendalters ist. Meines Erachtens beginnt das Thema Verantwortung in der Pubertät aktuell zu werden, aber Verantwortung zu übernehmen bedeutet wohl auch, sich in einen lebenslangen Lernprozeß zu begeben. Jugendliche neigen vielleicht eher dazu, Gründe für ihr Handeln außerhalb von sich zu suchen, die sich vordergründig auch leicht finden lassen. Deshalb sieht Anja diese Problematik in Bezug auf das Jugendalter allgemein und nicht als Spezifikum des Ritzens. Trotzdem erscheint es mir wichtig, dieses Thema in Erinnerung zu behalten, wenn man die begleitenden Umstände des Ritzens verstehen will. Wie andere Jugendliche auch, befinden sich Mädchen, die ritzen, in der Spannung zwischen außen und innen und sie sind dabei zu lernen, mit Verantwortung umzugehen. Während des Ritzens befinden sich die Mädchen aber in einer schweren Lebenskrise, die über die üblichen Wirrnisse der Pubertät weit hinausgeht. Insofern gehe ich davon aus, daß das Übernehmen von Verantwortung für sie bedrohlicher ist als für andere Jugendliche. Nach Sachsse (1989) lösen am häufigsten Situationen das Ritzen aus, in denen Selbstverantwortung übernommen werden muß.

Intention

In diesem Abschnitt geht es um die Frage, ob das Ritzen auf ein konkretes Objekt oder Ziel ausgerichtet wird. Unter Intention verstehe ich die Gerichtetheit des Verhaltens nach außen, während ich im Kapitel Motivation vornehmlich die innerpsychischen Antriebskräfte des Ritzens beleuchten möchte. Ich bin mir bewußt, daß Intentionalität üblicherweise in der Motivationsforschung integriert ist. Dennoch möchte ich beide Bereiche getrennt behandeln, um der Wirksamkeit äußerer Anreize gerecht zu werden.

Fast alle Mädchen und Frauen erwarten, daß auf ihre Autoaggression eine Reaktion von außen erfolgt, die wenigsten ritzen ganz für sich allein. Dabei erhält die Selbstverletzung einen enormen Bedeutungsgehalt für die Interaktionen.

Manche instrumentalisieren das Ritzen als Methode, um auf andere Druck auszuüben und bestimmte Handlungen oder Entscheidungen zu erzwingen. Sie hoffen, damit eine Erleichterung ihrer momentanen Lebenssituation (z.B. im Vollzug) zu erreichen. Anja erzählt von einem Mädchen, die manchmal schon vorher angedroht hat, zu ritzen. Ihre anschließende Selbstverletzung erlebte sie dann als massiven Erpressungsversuch. Trotzdem ist es nicht die Regel, daß Mädchen in derart manipulativer Absicht ritzen.

Den weitaus meisten ist nicht bewußt, daß sie mit dem Ritzen etwas intendieren, weil sie sich dabei nicht als aktiv empfinden. Gleichwohl kann es der erste Schritt sein, um Kontakt herzustellen. Es ist ein Einfordern von intensiven Beziehungen, von Liebe und Zuwendung, Aufmerksamkeit, Anerkennung und uneingeschränktem Verständnis für ihre unaussprechliche Not. Die Mädchen und Frauen brauchen immer etwas. Deshalb spricht Rita von einem „Brauchmuster", das auf andere sehr vereinnahmend wirkt. Ritzen hat damit einen Appellcharakter.

Häufig dient das Ritzen auch dazu, Reaktionen anderer zu testen. Manche Mädchen wollen schockieren und sehen, wie andere mit ihrem Verhalten umgehen. Andere wollen prüfen, ob Bezugspersonen nach der Selbstbeschädigung bei ihnen bleiben und zu ihnen stehen.

Bisweilen kann eine junge Frau versuchen, Konflikten und Streit auszuweichen, wenn sie ritzt. Unbewußt können Konflikte entschärft werden, wenn sie über die Selbstverletzung bei anderen Mitleid erregt, die Auseinandersetzung kann vermieden werden. Es geht also darum, eine aktuelle Situation zu eigenen Gunsten umzuformen.

In jedem Fall hängt die Absicht des Ritzens weitgehend von den Erfahrungen ab, die ein Mädchen damit macht, gleichgültig ob sie diese bewußt wahrnimmt oder nicht. Wenn eine Reaktion in ihrem Sinne erfolgt, wird sie dazu neigen, wieder zu ritzen.

Bei jeder Frau muß immer wieder differenziert werden „welche Wirkung sie intendiert und welche sie auslöst" (Sachsse 1989, S.104). Ansonsten wird dem Mädchen unrecht getan, wenn ihr vorgehalten wird, das Verhalten gezielt einzusetzen, obwohl sie sich dessen nicht bewußt ist.

Neben allen nach außen gerichteten Intentionen, bleibt dennoch das intrapsychische Geschehen im Vordergrund. Eva ist nicht der Meinung, daß es beim Ritzen darum geht, etwas zu erreichen. Wenn das der Fall wäre, würden die Mädchen ihr Verhalten auch schon im familiären Kontext einsetzen. Ihrer Erfahrung nach ist in den meisten Familien aber nicht bekannt, daß die Tochter sich schneidet. Und viele beginnen überhaupt erst zu ritzen, wenn sie ihr Elternhaus verlassen.

Erfahrungshintergründe

Hände der Gewalt
Hände, die nach dir grei-
fen
Hände, die dich packen
Hände, die dich umklam-
mern
Hände, die dich schlagen
Hände, die dich zwingen
Hände, die dich töten
Hände, die schmerzen
Hände, die hassen
Hände, die vernichten
Hände der Angst
Hände der Verzweiflung
Hände des Todes
Hände der Gewalt[12]

In den Interviews berichteten alle Frauen, ausgehend von ihrer beruflichen Praxis, daß Mädchen und junge Frauen, die ritzen, in ihrer Lebensgeschichte massive Gewalt erlebt haben. In den weitaus meisten Fällen war die Herkunftsfamilie der Ort, an dem die Gewalttätigkeit stattfand, d.h. in der Regel lebten die Mädchen über längere Zeit hinweg in Gewaltverhältnissen. Diese prägten vor allem ihre psychische Entwicklung und sie beeinflussen das Leben der Mädchen auch dann noch, wenn sie die Familie bereits verlassen haben und der konkreten Gewalt nicht mehr ausgeliefert sind.

Die erlebte Gewalt manifestierte sich für die Mädchen in den unterschiedlichsten Ausprägungen. Man kann davon ausgehen, daß es so viele verschiedene Formen der Gewalt gibt, wie es TäterInnen gibt. Insofern sind die Erfahrungen eines Mädchens einmalig, ein Umstand, der leicht zu dem Gefühl führt, mit den persönlichen Erlebnissen allein zu sein. Das Gemeinsame aller Mädchen aber ist die Tatsache, daß ihre Erfahrungen - mehr oder weniger - traumatisch waren. Die seelische Verwundung ist und bleibt eine Realität in ihrem Leben.

Die erfahrene Gewalt läßt sich in drei Bereichen festmachen: Sexueller Mißbrauch, körperliche Mißhandlung und seelische Mißhandlung oder Deprivation. Über diese Phänomene ist inzwischen viel geschrieben worden, sie werden immer häufiger öffentlich diskutiert und sind Gegenstand wissenschaftlicher Forschung. Aus dem Grund möchte ich an dieser Stelle keinen umfassenden Überblick darüber geben oder mich mit Definitionen und Unklarheiten bei der Begriffsbestimmung auseinanderset-

[12] aus „Nicht mit uns", Broschüre der I.M.M.A. 1993, S.66).

zen. Ich werde viel mehr die jeweiligen Aspekte des Geschehens herausarbeiten, die mir im Zusammenhang mit dem Ritzen wesentlich erscheinen.

Sexueller Mißbrauch[13]

In den Aussagen der Interviewpartnerinnen kristallisierte sich heraus, daß bei fast allen ritzenden Mädchen, die sie im Verlauf ihrer Arbeit kennenlernten, sexueller Mißbrauch bekannt war. Die Einheitlichkeit der Angaben hat zwar keinen statistischen Wert, trotzdem gehe auch ich davon aus, daß sexueller Mißbrauch den weitaus häufigsten Erfahrungshintergrund für späteres Ritzen darstellt. Dies entspricht auch meinen eigenen Erfahrungen aus der Arbeit mit Mädchen. Sachsse (1989) bestätigt diese Annahme. Zwei Drittel seiner sich selbst mißhandelnden Patientinnen waren Inzestopfer und mehrere sind vergewaltigt worden. Ebenso berichtet Burstow (1992), daß ein großer Teil ihrer sich selbst verletzenden Klientinnen Überlebende schwersten sexuellen Mißbrauchs in der Kindheit sind.

Nun läßt sich vermuten, daß zwischen sexuellen Gewalterfahrungen und dem Ritzen als Symptom Zusammenhänge bestehen. Diese sind jedoch bisher wissenschaftlich nicht zu belegen, es existiert keine breit angelegte Studie zu diesem Thema. Die Vermutung von Zusammenhängen beruht lediglich auf Erfahrungswerten. Bei der Suche nach möglichen Verbindungen geht es mir nicht nur darum, Mädchen, die ritzen, als Opfer sexueller Gewalttaten zu benennen, sondern ich möchte dazu beitragen, das Ritzen als Folge sexuellen Mißbrauchs verstehbar zu machen. Trotzdem wäre es unkorrekt, in der Umkehrung vom Ritzen auf erlebte sexuelle Gewalt zu schließen, denn nicht alle Mädchen, die derart selbstdestruktiv handeln, sind mißbraucht worden: Ritzen ist also kein Diagnostikum für sexuellen Mißbrauch.

Sexueller Mißbrauch drückt in erschütternder Weise die vorherrschenden *Machtverhältnisse* in unserer Gesellschaft aus. „Sexuelle Gewalt gegen Mädchen und Frauen ist nur möglich auf der Grundlage patriarchalischer, frauenverachtender und frauenunterdrückender Strukturen. Sexuelle Gewalt hat in unserer Gesellschaft System, es geht darum, Mädchen und Frauen klein zu halten und sie schon möglichst früh auf ihre stetige Verfügbarkeit für männliche (Macht-)Bedürfnisse zu konditionieren." (in „Nicht mit uns", Broschüre der I.M.M.A. 1993, S.10). Im Mißbrauchsgeschehen wird das Mädchen zum Besitz des Täters (ich spreche an dieser Stelle nur von Männern als Tätern, weil es vor allem Männer sind, die Mädchen und Frauen sexuelle Gewalt antun). Was er besitzt, steht zu seiner freien Verfügung. Dabei nutzt der Täter die Abhängigkeit des Mädchens, die i.d.R. seiner Obhut unterstellt ist, aus, er dominiert eindeutig die Beziehung. In dieser erzwungenen sexuellen

[13] Literatur zum Thema: Bass/Davis (1990); Hirsch (1987;) Kavemann/Lohstöter (1984); Rijnaarts (1988); Steinhage (1989); Wirtz (1989).

Beziehung befriedigt er seine sexuellen Bedürfnisse gegen den Willen des Mädchens. Sie wird damit zum Opfer und existiert lediglich als Objekt. Der Zwang ist eine Bedingung dieses Geschehens, er manifestiert sich in unmittelbaren Drohungen oder subtilen Manipulationen in Form von Geschenken, Versprechungen o.ä. seitens des Täters. Das Mädchen verfügt weder über die körperliche noch emotionale Kraft, um sich erfolgreich dagegen zur Wehr zu setzen, zudem kann sie es sich nicht erlauben, die Beziehung zum Täter (Vater, Stiefvater, Onkel, Bruder etc.) zu zerstören. Das Mädchen kann sich nicht als Subjekt mit eigenen Bedürfnissen und Wünschen erfahren. Statt dessen lernt sie, sich dem Willen anderer zu beugen. In der Folge wird es ihr schwerfallen, ihre Bedürfnisse überhaupt wahrzunehmen, zu akzeptieren und sich entsprechend für deren Durchsetzung einzusetzen.

Die *Verantwortung* für den sexuellen Mißbrauch liegt ausschließlich beim Täter. Der Mißbrauch ist eindeutig durch die sexuellen Bedürfnisse eines Erwachsenen geprägt. Kein Mädchen würde mit einem erwachsenen Mann eine derartige sexuelle Beziehung beginnen, auch wenn sie in anderer Form an Sexualität interessiert ist. Ein Merkmal des sexuellen Mißbrauchs liegt nun darin, daß der Täter das Thema Verantwortung zu verwischen sucht. Er redet dem Mädchen ein, daß sie ihn provoziert und gereizt habe und daß sie im Grunde doch dasselbe wolle wie er. Da der Täter meistens eine dem Mädchen nahestehende Person ist, zählt für sie viel, was er sagt. Sie gerät in Verwirrung darüber, wer das Geschehen eigentlich initiiert hat und wer letztlich schuld daran hat. Außerdem ist es in ihrer kindlichen Vorstellung kaum denkbar, daß eine wichtige Bezugsperson ihres Lebens, die vorgibt, sie zu lieben, ihr derartige seelische Schmerzen bereitet. So kommt sie zu der Überzeugung, für das Geschehen schuldig sein zu müssen. Fortan plagen sie massive Schuldgefühle und Selbstzweifel. Diese sind besonders ausgeprägt, wenn das Mädchen in der Mißbrauchsituation gegen ihren Willen sexuell erregt wurde.

Sexuelle Übergriffe sind ein tiefer Schock für ein Mädchen, sie verletzen umfassend und nachhaltig ihre Persönlichkeit. Van Vugt und Besems (1990) verstehen den sexuellen Mißbrauch (sie selbst verwenden den Begriff Inzest) gleichzeitig als *körperliche, emotionale und intellektuelle Erfahrung*. Da sich der Angriff auf alle drei Bereiche bezieht, wird der Mißbrauch zu einer absoluten Erfahrung. Der Körper des Mädchens wird vom Täter benutzt, sein Handeln bezieht sich eindeutig auf ihre Geschlechtlichkeit. Dadurch wird die Entwicklung ihrer Geschlechtsidentität erheblich gestört. Weiblich zu sein wird für sie zu einem Problem. Sie kann ihren Körper nicht mehr akzeptieren, häufig wird er als beschmutzt empfunden. Er kann auf jeden Fall nicht liebenswert sein, wenn er auf diese Art benutzt wird. Die körperlichen Wahrnehmungen unterstehen zudem nicht mehr der eigenen Kontrolle, wenn sich der Täter am Körper des Mädchens vergeht, und sie dies nicht verhindern kann. Sie beginnt selbst ihren Körper abzuwerten und ihn für seine Empfindungen zu hassen. Freytag (1992) stellt in diesem Zusammenhang treffend fest „(...) ein Mädchen, das sexuell mißbraucht worden ist, hat nicht nur seine Kindheit, sondern auch seinen Körper verloren." (ebd., S.78).

Auf emotionaler Ebene zeitigen die Erfahrungen eine verheerende Wirkung. Das Mädchen fühlt sich abgelehnt, verraten und zutiefst verachtet. Ihre Gefühle von Geborgenheit, Sicherheit und Vertrauen werden grundlegend zerstört. An deren Stelle tritt vor allem Angst. Angst vor dem Täter, dem sie schutzlos ausgeliefert ist, Angst davor, daß es wieder passieren kann und die Ungewißheit darüber, wann der Mißbrauch ein Ende haben wird.

Intellektuell ist die Mißbrauchserfahrung für das Mädchen ebenso wenig zu verarbeiten. Sie übersteigt ihr Vorstellungsvermögen und ist mit nichts zu vergleichen, was sie bisher erlebt hat. Deshalb weiß das Mädchen nicht damit umzugehen.

Sexueller Mißbrauch ist also insgesamt eine extreme Grenzverletzung der Betroffenen, ihr Selbstwertgefühl wird dabei mit Füßen getreten. Deshalb verwendet Wirtz (1989) den Begriff Seelenmord. Das Schlimmste ist, daß vor allem Kinder, aber auch Jugendliche zumeist mit dieser Erfahrung allein sind, sie haben niemanden, dem sie sich anvertrauen können.

In ihrer Not hilft ihnen *emotionale und körperliche Abstumpfung*, um die schrecklichen Erfahrungen zu überleben. Der Körper wird unempfindlich gemacht, damit seine Wahrnehmungen nicht mehr bewußt registriert werden müssen. Wenn der Körper nicht mehr richtig zu ihnen gehört, dann ist es nicht mehr so existenzbedrohend, wenn sich der Täter an ihm zu schaffen macht. Gefühle wie Wut, Trauer, Schmerz und Aggression müssen abgespalten und verdrängt werden, denn es gibt für die Betroffenen i.d.R. keinen Ort, an dem sie diese gefahrlos zum Ausdruck bringen können. Die Mädchen trauen sich nicht zu, den Täter damit zu konfrontieren, weil sie seine Reaktionen darauf nicht einschätzen können und fürchten, daß die Wut und Aggression ihrer Kontrolle entgleiten und zerstörerisch und vernichtend werden könnten. Sie leben in der Angst, die Beziehung vollends zu zerstören, von der sie sich - trotz allem - auch Liebe und Geborgenheit erhoffen. Wenn die Abstumpfung lange genug anhält, stört sie im Lauf der Zeit die Selbstwahrnehmung und die Ausdrucksfähigkeit (Van Vugt/Besems 1990). Beide sind dann nur noch in abgeschwächter oder verzerrter Form möglich.

Sexueller Mißbrauch findet immer in einer Atmosphäre der *Verschwiegenheit* statt. Das Geschehen wird als Geheimnis vermittelt, das nur der Täter und das Mädchen kennen. Und damit das auch so bleibt, bringt der Täter das Kind mit Drohungen oder Versprechungen zum Schweigen. Der Inzest ist ein Tabu, daß häufig durchbrochen wird, was zur Folge hat, daß das Sprechen darüber ebenfalls streng tabuisiert ist. Das Mädchen hält sich lange an das Sprechverbot aus Furcht, die Gunst des Täters endgültig zu verlieren. Damit ist die Betroffene isoliert und auf sich selbst gestellt - die beste Voraussetzung für das Anhalten des Mißbrauchs. Wenn die Mädchen dennoch den Schritt wagen, sich anderen mitzuteilen, passiert es oft, daß ihnen nicht geglaubt wird. Ihre Aussagen werden dann als Phantasiegebilde oder böswillige Diffamierungen abgetan. Davon abgesehen ist es immer wieder schwer vorstellbar, daß die Umgebung auf den Mißbrauch nicht aufmerksam wird. Die tiefgreifende Veränderung, die das Mädchen durchmacht, wird aber deshalb oftmals nicht erkannt, weil für nahestehende Personen sexueller Mißbrauch ein Tabuthema ist, wodurch sich ihre Wahrnehmung eines solchen Geschehens einschränkt.

In unserer Gesellschaft begegnet man trotz zunehmender Aufklärung immer noch der *Verharmlosung* des Themas sexuelle Gewalt gegen Mädchen und Frauen. Diese Tendenz betrifft Kinder, die mißbraucht werden, genauso wie Vergewaltigungsopfer. Die Personen, denen sie von ihren Erfahrungen berichten, versuchen teilweise, diese zu bagatellisieren. „Das war doch nicht so gemeint" oder „Das war doch nur Spaß" könnten Reaktionen sein, die darauf folgen. Damit wird das Mädchen ein weiteres Mal als Person nicht ernst genommen. Die traumatische Bedeutung ihrer Erlebnisse wird nicht anerkannt. Dabei ist sexueller Mißbrauch ein reales traumatisierendes Geschehen, das nicht in gewohnter Weise verarbeitet werden kann, weil es die Persönlichkeit des Mädchens extrem destabilisiert. Die Bagatellisierung stürzt sie nun in noch größere Selbstzweifel. Sie fragt sich, ob ihre Gefühle hinsichtlich ihrer Erfahrungen überhaupt wirklich und angemessen sind. Sie ist sich nicht sicher, ob sie ihren Gefühlen noch trauen darf.

Manche Mädchen sind in der Lage, die sexuellen Übergriffe erfolgreich zu verdrängen. Sie verbannen die Erlebnisse vorübergehend aus ihrer *Erinnerung*, weil sie sie nicht aushalten können. Aber die damit verbundenen Gefühle, die gleichzeitig verdrängt werden, wirken fort. Sie bleiben unverarbeitet und werden deshalb zu einem späteren Zeitpunkt dafür sorgen, daß die Erinnerungen wieder aufbrechen, denn Vergessen ist nicht gleichbedeutend mit Ungeschehenmachen. Die Erinnerung drängt sich langsam als leise Ahnung ins Bewußtsein oder sie kommt als Flutwelle, die alles zu überspülen droht. In jedem Fall haben die Mädchen Angst vor ihren Erinnerungen. Was ist, wenn sie feststellen, daß es noch schlimmer war, als sie bisher vermutet hatten. In dieser Angst leben auch die Mädchen, die den Mißbrauch nie vergessen haben, denn sie wissen, daß sie das Hochkommen der Erinnerungen nicht steuern können. Deshalb versuchen sie auch weiterhin, die schmerzlichen Gefühle nicht zu spüren.

Van Vugt und Besems (1990) skizzieren, für mich einleuchtend, die psychische Entwicklung, die von der Verletzung in Verbindung mit dem Mißbrauchsgeschehen zu Autoaggressionen führt: Der Ausgangspunkt ist die *psychische und körperliche Verletzung*. Da das Gefühl der psychischen Verletzung eher diffus und nicht faßbar ist, fällt es schwer, dieses zum Ausdruck zu bringen. Die Verletzung verursacht immer *Traurigkeit* und Schmerz. Auch diese müssen gezeigt werden, um die zugrunde liegende Verletzung zu verarbeiten. Dafür ist die Sicherheit notwendig, sich auf die Akzeptanz und Unterstützung anderer verlassen zu können. Dieser Rahmen ist für die meisten Mädchen mit Mißbrauchserlebnissen nicht gegeben. Die Verletzung aber wirkt fort, auch wenn die Trauer nicht ausgedrückt wird, sie sucht sich ihren Weg im *Ärger*. Ärger ist eine Form psychischen Unbehagens. Reaktionen der Umgebung zeigen, daß das Ablassen von Ärger nicht gerade erwünscht ist. Bei den Mädchen entsteht die Angst, den Ärger hervorbrechen zu lassen. Dahinter bleibt die Traurigkeit versteckt, die Verletzung kann nicht mehr richtig wahrgenommen werden. Sie sucht eine andere Ausdrucksmöglichkeit in der *Wut*. Bei der Wut handelt es sich nun um ein ungerichtetes und geballtes körperliches Unwohlsein, das die Traurigkeit verdeckt. Sie will heraus, ohne daß sie gegen eine konkrete Person gerichtet sein muß. Aber auch Wutausbrüche sind gesellschaftlich kaum gebilligt. Wird die Wut zurückgehalten, so mündet das ursprüngliche Verletzungsgefühl in *Aggressivität*. Diese ist nun ein zielgerichtetes und verdichtetes Gefühl. Auch wenn sie gegen andere gerichtet ist, verfolgt sie eigentlich nicht das Ziel, andere Personen zu verletzen. Aggressivität soll die eigene Verletzung zeigen. Doch weil die Aggression von der eigentlichen Verletzung bereits entfernt ist, können andere diese nicht mehr nachvollziehen und fühlen sich persönlich angegriffen. Die Mädchen entwickeln Angst davor, ihren Aggressionen Ausdruck zu verleihen, weil sie andere nicht verletzen wollen. Diese Entwicklung wird durch die gesellschaftlich erzeugte Aggressionshemmung begünstigt, die Frauen mehr als Männer betrifft. Das ehemalige Verletzungsgefühl wirkt aber fort, wenn es über die Aggressivität nicht nach außen gebracht wird und kann so zu *Autoaggressivität* führen. Der ehemals nach außen gerichtet Impuls wird nun gegen sich selbst gerichtet. Das Mädchen kämpft das Problem mit dem eigenen Körper aus. Dieser Kampf verselbständigt sich. Weil der ursächliche Schmerz unverarbeitet bleibt, kommt es immer wieder zu selbstzerstörerischen Handlungen.

Diese beschriebene Entwicklungstendenz der verschiedenen Gefühle beziehen Van Vugt und Besems nur auf Mißbrauchserlebnisse. Ich bin aber der Meinung, daß sie ebenso auf andere Gewalterfahrungen übertragen werden kann, sofern die damit verbundene Verletzung keinen Ausdruck findet.

Körperliche Mißhandlung[14]

Nach Burstow (1992) sind Mißhandlungserlebnisse in der Kindheit in verschiedenen Ausprägungen bei Frauen wahrscheinlich, die sich selbst verletzen. Die physische Mißhandlung von Kindern, die bei entsprechenden Folgen „Battered Child Syndrome" genannt wird, ist ein Ausdruck der tief verwurzelten Mißachtung ihrer Rechte und Gefühle. Die Kinder sind dabei als Opfer Kräften ausgesetzt, über die sie selbst nicht verfügen und unter denen sie unendlich leiden. Im Mißbrauch ihrer autoritären Gewalt sind den Eltern oder sonstigen Erziehungsberechtigten hinsichtlich der Grausamkeit keine Grenzen gesetzt. Mit allen erdenklichen Gegenständen wird auf Kinder eingeschlagen, sie werden verbrüht, müssen hungern oder frieren etc. Bei Trube-

[14] Literatur zum Thema: Habermehl (1989); Honig (1982); Wahl (1990).

Becker (1987) lesen sich die Beschreibungen der Mißhandlungsformen wie ein Bericht über Folterkammern.

Die Mißhandlungsfolgen sind entsprechend vielfältig. Vorübergehende und langfristige körperliche Schäden, die zu Krankenhausaufenthalten führen können, und vor allem auch seelische Verletzungen sind die Folgen. Dabei erzeugt die Gewalt in der Familie, gleich einem circulus vitiosus, wiederum Gewalt, im Fall des Ritzens Gewalt gegen die eigene Person.

Die körperliche Mißhandlung demonstriert, daß Kinder und Erwachsene nicht gleichberechtigt sind. Das *Machtgefälle* ist für die Kinder eindeutig zu spüren. „In Wahrheit sind es die Mächtigen, die die Welt beherrschen. Dazu gehört die Macht der Männer über die Frauen, die Macht der Eltern über ihre Kinder. Folglich bestimmen die jeweils Herrschenden, was als Gewalt definiert wird." (M. Mitscherlich 1992, S.8). Allerdings umfaßt der Personenkreis der TäterInnen Männer und Frauen, Mütter mißhandeln ihre Kinder ebenso wie Väter.

Die Gewalt findet typischerweise in der *Abgeschlossenheit des Elternhauses* statt, so daß Außenstehende diese nicht registrieren oder in die Intimsphäre der Familie nicht eingreifen wollen. Obwohl die Erfahrungen dieser Mädchen grausam sind, gelingt es ihnen aber eher als sexuell mißbrauchten Mädchen, sich anderen gegenüber in ihrem Leiden zu öffnen, sie können eventuell mit Geschwistern oder FreundInnen darüber sprechen. Diese Tendenz scheint mir darin begründet, daß die Erlebnisse zwar erschütternd, nicht jedoch derart schambesetzt sind wie z.B. sexuelle Gewalterfahrungen. Die körperliche Gewalt ist zwar eine eindeutige, massive Verletzung der kindlichen Würde, aber sie richtet sich nicht gegen die Geschlechtlichkeit des Kindes. Auch wenn in einer Familie nur ein Mädchen geschlagen wird, während die anderen Kinder nicht davon betroffen sind, hängt die Gewaltausschreitung zwar mit ihrem Geschlecht zusammen, die Handlung selbst bezieht sich aber nicht unmittelbar darauf. Der Angriff stellt freilich eine existentielle Bedrohung dar, aber er ist möglicherweise nicht so verwirrend wie sexuelle Übergriffe. Mißhandelte Mädchen können eher ein Gefühl dafür entwickeln, daß die Eltern ihr unrecht tun. Die Verhältnisse sind weniger unklar und verschleiert. Die Mädchen wissen, daß die Eltern ihre Wut und ihren Haß hervorrufen. In der Folge zeigen sich bei mißhandelten Mädchen meistens weniger ausgeprägte Wahrnehmungsverzerrungen als bei mißbrauchten Mädchen.

Die familiäre Gewalt ist i.d.R. in eine *feindselige Atmosphäre* eingebettet, sie prägt sowohl die Beziehung der Eltern untereinander als auch die zwischen Eltern und Kindern. Arbeitslosigkeit, Alkohol- und Drogenabusus oder auch depressive Stimmungen der Eltern verschärfen dieses destruktive Klima, teilweise sind die Eltern mit der Organisation des Alltags überfordert. Innerhalb einer pathologischen Familienstruktur können die Kinder keine positive Lebenseinstellung entwickeln, die Eltern sind in dieser Hinsicht keine entsprechenden Modellpersonen für sie. Dabei erfahren sie, daß Kontaktaufnahme häufig mit Gewalttätigkeit verbunden ist. Die Brutalität ist

Bestandteil der Realität und wird im Lauf der Zeit zur Normalität. Die Mädchen müssen die damit verbundene Abwertung und Verachtung erdulden, wenn sie die Gewalt nicht noch stärker herausfordern wollen.

Die Lebensumstände werden allerdings dann verwirrend, wenn das lieblose Familienklima mit Phasen von Zuneigung und Zärtlichkeit abwechselt. Dadurch werden die Verhältnisse unklar und schwer einschätzbar. Die Kinder sind orientierungslos, sie lieben und hassen ihre Eltern gleichzeitig und können nie sicher sein, ob sie dem momentanen Frieden trauen können. Wenn es zu Gewaltausschreitungen kommt, fühlen sie sich u.U. dafür schuldig, weil sie fürchten, daß sie selbst diese hervorrufen.

> „Mädchen, die brutal mißhandelt werden, die sind zwar im allgemeinen schon wütend auf ihre Eltern, haben aber meistens so einen Anteil, 'haben meine Eltern nicht auch irgendwo recht gehabt, war ich nicht auch ein ganz fürchterliches Kind, ich bin ja eigentlich auch ein Mensch, der zum Kotzen ist'."(Gela)

Während der Mißhandlung, aber auch danach, werden sie von Schuldgefühlen bedrückt. Sie halten sich selbst für nicht liebenswert. Die Mädchen haben die Haltung der Eltern ihnen gegenüber verinnerlicht, sie ist zu der eigenen geworden.

Diese Einstellung wird durch die *gesellschaftliche Toleranz* hinsichtlich körperlicher Gewalt gegen Kinder unterstützt. Die strafrechtlichen Vorschriften (§ 223b StGB) sind weit gefaßt, körperliche Züchtigung als Disziplinierungsmaßnahme ist weiterhin legitimiert. Dadurch stehen den Eltern viele Möglichkeiten offen, sich mit Schutzbehauptungen der Strafverfolgung zu entziehen. Wenn die Kinder diese weit verbreitete Einstellung realisieren, werden sie sich ein weiteres Mal mit dem Gedanken quälen, ob sie diese Behandlung vielleicht doch verdient haben.

Die psychische Dimension, die mit körperlichen Mißhandlungen verbunden ist, läßt sich zusammengefaßt wie folgt darstellen: die Mädchen erleben immer wieder gravierende Verletzungen ihrer Grenzen, gegen die sie machtlos sind. Sie fürchten sich davor, ihre Wut und Aggressionen an der TäterIn auszulassen. Sie erfahren permanent, daß ihre schmerzlichen Gefühle ignoriert werden. Die erfahrene Verachtung wird zum Lebensgefühl. Mißtrauen tritt an die Stelle von Vertrauen, Geborgenheit und Sicherheit. Die ständige Angst vor der TäterIn begleitet ihr Leben, die Mädchen sind eingeschüchtert, sie leben in dem Gefühl, daß sie nicht um ihrer selbst willen geliebt werden. Die Entwicklung eines positiven Selbstwertgefühls ist stark beeinträchtigt.

Seelische Mißhandlung

Die Ausführungen zu diesem Thema möchte ich sehr kurz halten. Trube-Becker (1987) faßt unter diesem Begriff u.a. Einsperren, Töten eines geliebten Tieres, Alleinlassen in der Wohnung, Beschimpfungen und Demütigungen, Anbinden an ein Möbelstück, während das Kind allein in der Wohnung zurückgelassen wird, häufiges Miterleben elterlicher Auseinandersetzungen, Liebesentzug, Zurückgesetztwerden gegenüber Geschwistern, Isolation durch Krankheit eines Elternteils oder durch eigene Behinderungen, Fehlen von Zeit und Gesprächsbereitschaft der Eltern für das Kind. Diese Aufzählung ließe sich beliebig ergänzen.

Manche dieser Phänomene werden in der psychologischen Fachliteratur als *Deprivation* bezeichnet. Dabei handelt es sich per definitionem (Dorsch 1987) um den Entzug oder das Vorenthalten von bedürfnisbefriedigenden Objekten oder Reizen. Die Kinder sind sozial isoliert. Es mangelt ihnen an elterlicher Zuwendung und Liebe, ihre emotionale Versorgung wird vernachlässigt. Werden dem Kind konkrete Objekte, die es liebt, vorenthalten oder nachträglich entzogen, so verarbeitet es dieses Geschehen ebenso als Zurückweisung der eigenen Person wie die emotionale Abweisung durch die Eltern. Vorenthalten von Reizen (Reizarmut) meint hingegen, daß das Kind auf sensorischer, motorischer und geistiger Ebene gar nicht oder nicht ausreichend gefördert wird. Im weitesten Sinn gehört auch die mangelnde Unterstützung bei Problemen im Alltag der Kinder dazu. Sie sind gezwungen, schnell selbständig zu werden, weil sie bei den Eltern keinen emotionalen Rückhalt finden. Sie fühlen sich allein und ungeliebt, denn niemand interessiert sich für ihre Freuden, Ängste und Nöte.

Häufig wird Kindern, besonders Mädchen, die Verantwortung für das Wohlergehen der Eltern übertragen. Dabei werden sie meist von einem Elternteil emotional ausgenutzt. Sie sollen bei Problemen als tröstende Vertraute fungieren. In krassen Fällen sind sie dafür zuständig, die Depression eines Elternteils aufzufangen. Im Alltag müssen sie die Pflichten der Haushaltsführung und die Versorgung jüngerer Geschwister übernehmen. Im Krankheitsfall fällt ihnen die Aufgabe zu, die Mutter oder den Vater zu pflegen. Mit all diesen Aufgaben ist ein Mädchen hoffnungslos überfordert. Die inhärente *Rollenumkehr* (Parentifizierung, vgl. Sachsse 1989) verwirrt, das Mädchen übernimmt Funktionen, die sonst Eltern innehaben. In dieser Konstellation bleiben die Gefühle und Bedürfnisse des Mädchens auf der Strecke, sie kann der Sorge für andere nur nachkommen, wenn sie die eigenen Gefühle und Wünsche verdrängt und nicht spürt. Sie ist in erster Linie für die Belange der Eltern da, nicht für ihre eigenen. D.h. das Mädchen darf nicht länger Kind bleiben, sondern muß vorzeitig erwachsen werden. Damit wird ihr die Möglichkeit genommen, eine von den Eltern abgegrenzte Identität auszubilden. Die Wahrnehmung des eigenen Selbst ist erschwert.

Diese Phänomene reihe ich unter dem Überbegriff Gewalterfahrungen ein, auch wenn es sich dabei nicht um konkrete körperliche oder sexuelle Gewalt handelt. Trotzdem wird den Mädchen seelische Gewalt angetan, wodurch absichtlich oder unbewußt die Entfaltung ihrer Persönlichkeit in hohem Maß eingeschränkt wird. Sie leiden darunter und haben langfristig mit den seelischen Folgen des Psychoterrors zu kämpfen.

Für Mädchen, die in schwierigen Familienverhältnissen aufwachsen, setzt sich der Leidensweg oft außerhalb der Familie fort. Sie müssen u.U. das Elternhaus früh verlassen, werden vorübergehend in Heimen untergebracht, verlassen diese, leben auf der Straße und kommen in Kontakt mit legalen oder illegalen Drogen. Da sie lange Zeit in Gewaltverhältnissen lebten und keine anderen Lebensbedingungen kennenlernten, gehen sie immer wieder Beziehungen ein, die von Gewalt geprägt sind. Ihre häufig erfolglose Suche nach einem Platz in der Gesellschaft, an dem sie sich aufgehoben fühlen und ihrer selbst willen geliebt werden, beherrscht ihr Leben. Ihre früheren Erfahrungen wiederholen und verfestigen sich damit.

Gewalterfahrungen führen nicht unbedingt zum Ritzen

Die Anzahl der Mädchen, die oben umrissene Erfahrungen machen, ist sehr hoch. Trotzdem werden nicht alle beginnen, zu ritzen. Ob ein Mädchen sich selbstdestruktiv verhält, hängt von sehr unterschiedlichen Bedingungen ab. Zunächst ist entscheidend, wie schwer und lebensbedrohlich der sexuelle Mißbrauch oder die Mißhandlung empfunden wurde. Dafür ist u.a. ausschlaggebend, welcher Art die Gewalttätigkeit war, zu welchem Zeitpunkt der Kindheit oder Jugend sie begann, wie lange sie andauerte, wie nah die TäterIn dem Mädchen stand und in welcher Familiensituation sie stattfand. Entscheidend ist auch, ob das Mädchen trotz ihrer Erfahrungen lernen konnte, Kontakt zu anderen aufzunehmen. Die Verarbeitung der Erfahrungen ist in hohem Maß davon abhängig, ob das Mädchen eine Bezugsperson hatte, die in die Gewaltsituationen nicht involviert war, und zu der sie eine vertrauensvolle Beziehung aufbauen konnte. In dieser Beziehung muß das erfahrene Leid nicht unbedingt thematisiert werden; entscheidend ist, daß sie für das Mädchen positiv besetzt ist und ihr zeigt, daß es zumindest manchmal Sinn macht, anderen zu vertrauen. Nicht zuletzt sind die Verarbeitungsformen von traumatischen Erfahrungen an die Persönlichkeit des Mädchens gebunden. Die Faktoren, die bei der Bewältigung auf komplizierte Weise zusammenspielen, sind zahlreich und häufig nicht offensichtlich. Oder wie Anja für sexuell mißbrauchte Mädchen formuliert:

> „Ich denke, bloß weil eine Gruppe von Mädchen oder Frauen sexuelle Mißbrauchserfahrungen hat, das macht die ja noch nicht gleich, die Gruppe. Sondern die bringen ja noch viel Unterschiedliches mit (...) also das Gemeinsame, das sind die ganzen Trauma-

> tisierungen, und das Unterschiedliche ist, was es sonst noch so im Leben gegeben hat. Und das war ja bei jeder anders, was zum Überleben auch beigetragen hat, Menschen. Und ich denke, es sind ja auch unterschiedliche Persönlichkeiten geworden, die unterschiedliche Verarbeitungsmodalitäten aufweisen."(Anja)

Auch bei den Mädchen und Frauen, die ritzen, differieren die Lebens- und auch Gewalterfahrungen. Ihnen ist jedoch gemeinsam, daß sie zeitweise neben dem Ritzen über keine andere Möglichkeit verfügen, um die schmerzhaften und traumatischen Erfahrungen in ihr Gesamterleben zu integrieren.

Der eigene Körper

Wie betrachten die Mädchen und Frauen ihren Körper und welche, auch unbewußte, Bedeutung geben sie ihm? Welche Funktionen muß er übernehmen? In welchem Verhältnis steht die autodestruktive Manipulation zur gesellschaftlichen Konstruktion des weiblichen Körpers? Welche Bedingungen erschweren es den Mädchen in der Pubertät, eine Identität als Frau zu entwickeln? Und liegt im Ritzen ein Widerstandspotential?

Wie ich bereits vorher erwähnte, spalten die Mädchen und Frauen ihren Körper mehr oder weniger stark von ihrem Selbst ab, auch in Phasen, in denen sie gerade nicht ritzen. Der Körper gleicht einer Leerstelle. Der Wunsch, diese zu füllen, gelingt über das Ritzen nicht. Die jahrelange Notwendigkeit, sich körperlich und seelisch unempfindlich machen zu müssen, führt in der Folge zu Wahrnehmungsstörungen. Tameling und Sachsse (1996) kommen in ihrer Studie zusammengefaßt zu folgendem Ergebnis: „Psychisch kranke, stationär behandlungsbedürftige PatientInnen mit dem Symptom selbstverletzendes Verhalten (SVV) haben (...) ein erheblich gestörteres Körperbild als solche ohne diese Symptomatik. Je gestörter das Körperbild, um so häufiger verletzen sich die PatientInnen." (ebd., S.61). Die Entwicklung einer körperlichen und psychischen Identität ist dadurch stark beeinträchtigt. Die Mädchen haben sehr wenig Bezug zu ihrem Körper, sie bewerten ihn fast durchgängig als negativ.

Sie sind

> „gezwungen mit dem [Körper] zu leben, (...) den sie in keinster Weise positiv besetzen können."Eva)

Die jungen Frauen empfinden ihren Körper als Last. Sie finden ihn häßlich, unattraktiv, zu dick und beschmutzt (dies trifft vor allem für Mädchen zu, die sexuell mißbraucht wurden) und können ihren Körper nicht akzeptieren. Sie begegnen ihm mit massiver Abwertung. Nie haben sie erfahren, daß er auch Quelle angenehmer und lustvoller Empfindungen sein kann.

Sie erleben ihren eigenen Körper

„als wertlos, das ist das Wort, das mir dafür passend erscheint. Nichts wert, und wenn mir etwas nichts wert ist, dann brauche ich mich darum auch nicht zu kümmern."(Frauke)

Der Körper ist nicht pflegebedürftig, er muß nicht geschont oder geschützt werden. Der lieblose Umgang mit dem Körper zeigt sich beim Ritzen in extremster Form. Aber auch in anderen Bereichen behandeln sie ihn keineswegs liebevoll. Häufig vernachlässigen sie ihre Hygiene, sorgen sich nicht um sich, wenn sie krank sind, schlafen zu wenig, ernähren sich schlecht, überfordern sich, rauchen zu viel und haben nicht selten Schwierigkeiten mit Drogen und Alkohol. Der Körper muß funktionieren, indem er die ungesunde Lebensweise erträgt. Auf ihn kann keinerlei Rücksicht genommen werden.

Kurz bevor die Mädchen ritzen, erleben sie ihren Körper als außerhalb von sich. Nun stellt sich die Frage, ob sie sonst das Gefühl haben, in einem Körper zu leben, der zu ihnen gehört.

„Also eher das Gefühl, was mitbekommen zu haben, was ich nicht mehr loswerden kann. Der Körper ist mir mitgegeben worden, aber so was rechtes anfangen kann ich damit nicht."(Frauke)

Die jungen Frauen haben nicht den Eindruck, mit dem Körper eins zu sein. Sie erleben ihn eher notgedrungen als Teil von sich. Leider können sie ihn nicht loswerden oder auswechseln. Aber sie können auch nichts tun, um ihn zu mögen. Manchmal sehnen sie sich danach, aus ihrem Körper auszutreten. Im Grunde wünschen sie sich ihren Körper ganz anders. Er müßte schön und ansprechend sein und anderen gefallen, damit sie ihn selbst annehmen könnten. Doch so wie er tatsächlich ist, wird er zur „Hülle" (Susanne) degradiert, die sie mit sich herumtragen. Sie sind genötigt, mit ihrem Körper zu leben, obwohl sie ihn nicht wollen.

Teilweise fassen sich die Mädchen selbst ungern an und sie haben Angst, von anderen berührt zu werden. Gerade Mädchen, die sexuell mißbraucht wurden, fürchten sich noch lange Zeit danach - verständlicherweise - vor Körperkontakten. Beim Ritzen berühren sie sich aber in extremer Form mit einem Gegenstand. Dabei ist es entscheidend, daß sie diese Berührung selbst kontrollieren können. Die Kontrolle ist für sie die notwendige Bedingung, um überhaupt körperliche Kontakte zulassen zu können. Manchmal hilft das Einsalben und die Verarztung der Wunden nach dem Ritzen dabei, mit dem Körper anders umzugehen und ihn liebevoller zu besetzen.

Bisher läßt sich sagen, daß das Gefühl und die Einstellung zum eigenen Körper ambivalent ist. Manchmal fühlen sie sich getrennt von ihrem Körper, aber andererseits gehört er doch zu ihnen, auch wenn sie ihn deshalb noch nicht lieben können.

„Egal wie man diese Verbindung bewertet, wenn man jetzt das positiv oder negativ beurteilt, nicht besonders gut ist diese Verbindung, aber sie ist auf jeden Fall da. Weil sonst würden sie nicht über den Körper agieren, sonst müßten sie sich auch nicht selber verletzen."(Susanne)

Der Körper als Objekt

Die Sinnesorgane können den eigenen Körper als Selbst und als Objekt wahrnehmen. Als Wahrnehmender ist er Selbst, als Wahrgenommener wird er Objekt (Sachsse 1989). Die Mädchen, die sich verletzen, blicken auf ihren Körper vorwiegend wie auf ein äußeres Objekt, das ihnen fremd geworden ist. Beim Ritzen wird der Körper zu einem „Tätigkeitsfeld" (Susanne), dabei betätigen sie sich an ihm, als ob er unbelebt wäre. Wenn sie ihren Körper als Lebens- und Empfindungsgrundlage begreifen würden, könnten sie nicht derart gegen ihn vorgehen. So ähnlich wie sie den Körper und die Seele jetzt selbst quälen, haben es in der Vergangenheit andere Personen getan.

Der Körper wird zum „Aggressionsobjekt" (Anja) und ersetzt damit das Du, gegen das die Aggressionen eigentlich gerichtet werden müßten.

Hirsch (1989) unterscheidet zwei Objektanteile, denn bei der Selbstbeschädigung „wird der eigene Körper, während eines tranceartigen Zustandes abgespalten, 'behandelt' wie ein äußeres Objekt, dem 'zur Strafe' Schaden und Schmerz zugefügt wird, der aber andererseits, (...), auch gerade durch die Beschädigung zu einem mütterlichen Objekt gemacht wird." (ebd., S.6). Hirsch versteht hier unter dem mütterlichen ein gutes Objekt. Wie wird nun der Körper zu einem bösen Objekt, das bestraft werden muß? Die massive Angst vor Verlusten hindert ein Mädchen daran, ihre Aggressionen gegen ein reales Objekt zu richten, weil sie befürchtet, daß diese vernichtend sein und außer Kontrolle geraten könnten. Zudem gelingt es ihr nicht, ihre nicht akzeptierten Selbstanteile auf eine andere Person zu projizieren, so daß diese bei ihr bleiben, ohne daß sie integriert werden könnten. Mit diesen Anteilen kann sie nur unproduktiv umgehen, indem sie sich selbst schädigt. Zwar wird der Körper zum Bestrafungsobjekt, aber das Mädchen meint schon auch sich selbst damit. So gehen Miller und Bashkin (1974) davon aus, daß die Mädchen sich selbst bestrafen, weil sie ihrem Ich-Ideal nicht entsprechen.

Wie wird durch das Ritzen aber aus dem schlechten ein mütterliches, also ein gutes Objekt? Hirsch (1989) versteht in diesem Zusammenhang das gute Objekt als Übergangsobjekt. „Das Moment der Manipulation, des Beherrschens des Körpers, der Kontrolle über ihn läßt mich daran denken, ob nicht das Objekt Körper auch als Übergangsobjekt verstanden werden kann, als Mutterobjekt, das einen nicht verlassen kann, dem man aber auch nicht hilflos ausgeliefert ist, weil man es selbst erschaffen hat." (ebd., S.10).

Der Körper als Übergangsobjekt?

Die psychoanalytische Objektbeziehungstheorie geht davon aus, daß sich ein Kleinkind in der Loslösungsphase von der Mutter Übergangsobjekte schafft, um sich zu beruhigen, wenn die Mutter abwesend ist (Winnicott 1973). Sie sollen Funktionen der Mutter übernehmen, wie z.B. Trösten, und dabei helfen, die eigenen Gefühle aushalten zu lernen. Regressive Zustände, wie die Angst vor dem Verlust des Primärobjektes Mutter oder die Angst, die Kontrolle über die Realität zu verlieren, können damit überwunden werden. Mit dem Übergangsobjekt besitzt das Kind ein erstes Objekt außerhalb seiner selbst. Trotzdem gehört es noch nicht ganz zur Außenwelt, denn es steht noch immer für die Einheit mit der Mutter und repräsentiert Teile von ihr. Was hier so theoretisch klingt, ist allen als Teddybär oder Kuscheldekke bekannt. Das Wesen des Übergangsobjektes liegt darin, Sicherheit zu vermitteln, wenn unangenehme Situationen das noch nicht gefestigte Selbst des Kindes bedrohen. Im Lauf der weiteren Entwicklung wird das Übergangsobjekt überflüssig, weil das Kind in der Lage ist, sich selbst über die Erkenntnis hinwegzutrösten, daß es von der Mutter getrennt ist. Eine Subjekt-Objekt-Beziehung zwischen Mutter und Kind wird möglich.

Wenn dieses Konzept auf die Selbstverletzung übertragen wird, so impliziert es zunächst, daß im Ritzen regressive Anteile liegen und daß das ritzende Mädchen kein stabiles Selbst entwickeln konnte. Da Jugendliche in der Pubertät eigentlich nicht mehr auf Übergangsobjekte zurückgreifen, spricht Hirsch (1989) bei autoaggressivem Verhalten von Jugendlichen und Erwachsenen von einem „pathologischen Übergangsobjekt“ (ebd., S.14). Wenn sie sich selbst ausreichend bemuttern könnten, dann bräuchten sie kein Übergangsobjekt mehr.

Nun stellt sich die Frage, was denn beim Ritzen tatsächlich zum Übergangsobjekt wird. Ist es der gesamte Körper, einzelne Körperteile oder vielleicht nur der Gegenstand, mit dem sich die jungen Frauen ritzen? Hirsch (1989) geht davon aus, daß sowohl der Körper als auch einzelne Teile zum Übergangsobjekt werden können. „Immerhin wird der Körper, der die Entlastung bringt, die die Mutter einmal gewährleisten sollte, nicht einfach vorgefunden, sondern das ältere Kleinkind und der selbstdestruktiv agierende Erwachsene schaffen das Mittel selbst, das die Gefahr der Desintegration bannt. Meinem Verständnis nach wird durch die aktive, gegen den eigenen Körper gerichtete destruktive Handlung im Körper selbst ein Mutterobjekt geschaffen, das wie die Mutter dem Säugling zur Entspannung verhilft.“ (ebd., S.14). Das Zuordnungskriterium liegt folglich im Aktivsein während der Selbstmanipulation. In seinen weiteren Ausführungen über Körperteile als Übergangsobjekte bezieht sich Hirsch u.a. auf die Haut. Dabei kommt er auch auf das Ritzen und Blut zu sprechen: „Insbesondere auch das Blut verkörpert lebensspendende Mütterlichkeit; es ist bei Jugendlichen, die sich die Haut ritzen oder schneiden („cutting“), oft das Gefühl des Kontakts mit dem warmen, fließenden Blut als wohltuend beschrieben worden.“

(ebd., S.16). Auch Kafka (1969) beschreibt in diesem Zusammenhang Blut als Übergangsobjekt. Er berichtet von einer Patientin, die das Fließen des angenehm warmen Blutes als Bad beschreibt, bei dem die Konturen des eigenen Körpers nachgezeichnet werden, sobald sich das Blut darüber ausbreitet.

Dem von Hirsch (1989) gezogenen Schluß kann ich so nicht folgen, der Begriff des Übergangsobjekts scheint mir in seiner Argumentation überdehnt zu sein. Ich sehe zwar das Ritzen auch als aktive, entspannende Handlung, ebenso weiß ich aus meinen Erfahrungen mit Mädchen, die sich schneiden, daß sie den Kontakt mit ihrem Blut als angenehm empfinden. Es kann sogar möglich sein, daß bei bestimmten Verhaltensweisen der Körper oder Teile von ihm zu einem Übergangsobjekt werden. Meiner Meinung nach trifft dies aber für das Ritzen nicht zu.

Das Kleinkind kann sich mit Hilfe seiner Kuscheldecke in schwierigen Situationen trösten, es kann sich beruhigen. Es ist natürlich der Körper, über den es die Entspannung wahrnimmt. Aber mit dem Körper allein könnte das Kind *eben nicht* diesen Entspannungszustand für sich herstellen. Es braucht dafür die geliebte Decke als Übergangsobjekt.

Auch bei den Mädchen, die ritzen, sehe ich den Körper nicht als Übergangsobjekt. Mit ihrem Körper allein könnten auch sie sich nicht entspannen. Sie müssen sich erst mit einem Gegenstand verletzen, um mit ihrem Blut in Kontakt zu kommen und um anschließend diesen angenehmen Zustand zu erleben. Ohne die Rasierklinge können sie die drohende Fraktionierung des Selbst nicht abwehren. Aus diesem Grund verstehe ich das Ritzwerkzeug als das eigentliche Übergangsobjekt. Sie tragen es häufig bei sich, um sicher zu sein, in der bedrohlichen Situation agieren zu können. Das Ritzwerkzeug wirkt ich-stärkend und garantiert dem Mädchen eine Kontrollmöglichkeit. Damit erfüllt es die typische Funktion eines Übergangsobjekts.

Wenn der eigene Körper das Übergangsobjekt wäre, dann läge der Sinn des Ritzens darin, das böse Objekt, das bestraft werden muß, in ein gutes umzuwandeln. Die Mädchen und Frauen bemühen sich aber verzweifelt, durch das Ritzen den objekthaften Status des Körpers zu überwinden. Sie leiden unter dem Gefühl, daß der Körper nicht richtig zu ihnen gehört. Sie versuchen, ihn mehr zu spüren, um ihn wieder in das Gesamtselbst integrieren zu können, auch wenn der Versuch längerfristig nicht erfolgreich ist.

Der Körper muß funktionieren

Die jungen Frauen haben einerseits zu ihrem Körper ein sehr distanziertes Verhältnis, andererseits sind sie in ihren Handlungen sehr stark körperbetont. Was zunächst als Widerspruch erscheint, ist beim genaueren Hinsehen nur konsequent. Gerade weil der Körper ihnen fremd geworden ist, versuchen sie ihn immer wieder ins Zentrum zu rücken. Weil sie sich ihres Körpers unsicher sind, agieren sie viel über ihn aus. Die

Körperbetonung soll das objekthafte Verhältnis zum eigenen Körper kompensieren, weil dieses unerträglich ist und Auflösungsphantasien aktiviert. Dahinter steht, wie bereits oben erwähnt, der unbewußte Wunsch, dem Körper - und auch dem Selbst - näher zu kommen und ein ganzheitliches Gefühl für beide zu spüren.

Die Mädchen benutzen ihren Körper, um für sich etwas zu erreichen. In dieser Hinsicht wird er zum „Erfüllungsgehilfen" (Rita), der entsprechend den eigenen Vorstellungen reagieren soll. Er muß funktionieren. Das zeigt sich sowohl, wenn künstlich Symptome erzeugt werden (z.B. Fieber herbeiführen, um Unannehmlichkeiten auszuweichen), aber besonders auch in der Produktion von Narben. Die jungen Frauen sind auf den Körper angewiesen

> „(...) als Idee, klar brauchen sie ihn zum Leben, aber als Idee brauchen sie ihn ganz verstärkt."(Susanne)

Der Körper ist für sie ein zentraler, wenn auch schwieriger Ort, er wird zu einem Mittel, um sich auszudrücken.

Der Körper als Ausdrucksmittel

Die Mädchen und Frauen können meistens ihre Wut und Traurigkeit hinsichtlich ihrer Erfahrungen - aber auch Freude - nicht in Worte fassen, es fällt ihnen schwer, ihre Emotionen und Wünsche zu verbalisieren (Simpson 1975). Entweder haben sie ihre Gefühle abgespalten, so daß sie diese nicht mehr oder nur verzerrt wahrnehmen können, oder sie sind diffus, so daß die Mädchen sie nicht benennen können. Damit funktioniert die Strategie nicht, in einer Krise die eigenen Gefühle zu reflektieren und sie jemand anderem anzuvertrauen. Die Mädchen sind im wahrsten Sinn des Wortes sprachlos, sie können keinen Kontakt mehr aufnehmen. Die Sprachlosigkeit ist zu einer unüberwindbaren Mauer geworden. Beim Ritzen übernimmt nun der Körper eine Ersatzfunktion für die Sprache, denn über ihn drücken die Mädchen, wenn auch unbewußt, ihre Gefühle aus. Damit agieren sie zunächst auf präverbalem Niveau. Doch durch ihre Symptomhandlung überwinden die Mädchen indirekt ihre Sprachlosigkeit, sie tragen etwas von sich nach außen. Deshalb folge ich Rauchfleisch et al. (1983), die das selbst zugefügte Leiden als wichtiges Kommunikationsmittel betrachten. Die Gefühle der Mädchen werden, zumindest teilweise, ansprechbar und damit auch öffentlich. Nach dem Ritzen können sie über ihre Schmerzen sprechen, dabei steht der körperliche Wundschmerz symbolisch für die seelischen Schmerzen. Manchmal erzählen die jungen Frauen nach ihrer Selbstverletzung von ihren früheren Erfahrungen, was ihnen sonst zu bedrohlich zu sein scheint.

Bei sexuell mißbrauchten Mädchen und Frauen erhält das Sprechen mit dem Körper eine besondere Konnotation. Sexueller Mißbrauch findet immer in der

Verschwiegenheit statt. Die Mädchen werden unter Bedrohung ihres Lebens gezwungen, zu schweigen. Sprache ist immer verboten. Auch wenn die Mädchen zu einem späteren Zeitpunkt der Mißbrauchssituation und dem Täter real nicht mehr ausgeliefert sind, wirkt das internalisierte Sprechverbot häufig fort. Das Ritzen, verbunden mit dem Zeigen von Wunden und Narben, wird für sie zu einem Kompromiß. Sie halten das Verbot, zu sprechen, ein und haben trotzdem einen Weg gefunden, um ihre Not zu zeigen. Zudem ist der Mißbrauch immer auf den Körper des Mädchens bezogen und genau über ihn drücken sie sich beim Ritzen aus. In diesem Zusammenhang kann die Selbstverletzung eine Form sein, den sexuellen Mißbrauch indirekt mitzuteilen, das Mitteilen wird zur Funktion des Ritzens. In der Beziehung zu einem sich ritzenden Mädchen ist es daher notwendig, die unbewußte Mitteilung wahrzunehmen und insofern aufzugreifen, als daß über das selbstverletzende Verhalten gesprochen werden kann.

Auch im alltäglichen Leben scheint der Körper zum wichtigsten Ausdrucksmittel zu werden. Wie andere Jugendliche auch, unternehmen die Mädchen einiges, um ihren Körper zu verändern. Häufiges Haarefärben, starkes Schminken, Tätowierungen und Piercings sind dafür typische Beispiele. Teilweise tun sie dies in extremer Form, wodurch sie die Aufmerksamkeit auf ihren Körper ziehen. So kann er zum Mittel werden, das Haltungen und Protest zum Ausdruck bringt, die sie sonst nicht verbalisieren können.

Narben sind Dokumente

Durch das Ritzen verändern die Mädchen ihren Körper dauerhaft, da die selbst zugefügten Wunden vernarben. Bei der Narbenbildung muß der Körper ein weiteres Mal funktionieren, was er auch zuverlässig tut. Manche Mädchen haben mehrere Schichten vernarbten Gewebes übereinander. Nun läßt sich fragen, ob dabei die Narben eine bestimmte Bedeutung haben? Ist diese Form der Autoaggression u.a. auch deshalb so attraktiv, weil sie Narben hinterläßt?

Bei allen Überlegungen zur Narbenbildung gehe ich davon aus, daß die Mädchen diese während des Ritzens nicht antizipieren. Die Narben erhalten erst im Nachhinein ihre Bedeutung.

Es muß immer die Haut verletzt werden, damit Narben entstehen. Andere selbstdestruktive Verhaltensweisen rufen nicht unbedingt Narben hervor. Damit wird die Haut wichtig als Abbildungsinstrument, sie wird im Sinne eines eigenen Territoriums benutzt. Narben sind sichtbare Zeichen. In der Interaktion provozieren sie andere dazu nachzufragen, wie sie entstanden sind. Insofern erregen sie zuerst einmal Aufmerksamkeit. Jede/r geht davon aus, daß es weh getan haben muß, wenn eine Wunde zur Narbe verheilt.

Narben haben einen Erlebniswert, wie Susanne sagt:

„Narben sind ganz wichtig, Narben zeigen irgendwas vom Erlebten, da hat man was zu erzählen."(Susanne)

Sie erinnern an schwierige Lebensphasen, die die Mädchen überlebt haben. Mit den Narben setzen sie sich und auch anderen ein Mahnmal für diese Zeit.

„(...) das momentane Danebensein [können sie] im Nachhinein auch wieder integrieren in ihre Geschichte als Erlebnis oder als Zeit 'da ging es mir ganz schlecht oder irgendwas war ganz dramatisch' und das ist der Beweis."(Susanne)

Die Not dieser schweren Zeit ist in die Haut geschrieben. Der Körper fungiert dabei als Tagebuch, in dem Erlebnisse und vor allem Sorgen festgehalten werden. Die vernarbte Haut wird zu einem anhaltenden Beweisstück. Obwohl die Mädchen die Krisensituationen, in denen sie sich schneiden, irgendwann überwinden werden, bleiben die Narben als Resultate des Ritzens ihr Leben lang sichtbar, sie wachsen mit ihnen mit. Ihr Dokumentationscharakter bleibt über lange Zeit erhalten. Im wahrsten Sinn des Wortes sind die Mädchen vom Leben gezeichnet.

Narben sind aber auch ein Symbol für Verwundbarkeit.

„Und ich denke, daß die Verletzungen, die diesen Ritzgeschichten vorausgingen, daß das ja auch Dinge sind, die weh tun, die aufreißen, die blutend machen, die verheilen, verheilen, wenn es gut geht, die aber immer Narben zeigen werden."(Anja)

Narben weisen darauf hin, daß ein Mädchen körperlich, aber vor allem seelisch verwundet wurde. Dabei wurde sie im tiefsten Inneren verletzt. Vernarbungen lassen darauf schließen, daß sie Schmerzen ertragen mußte, die ihr andere zugefügt haben. Die schmerzenden Wunden werden im günstigsten Fall nach langer Zeit heilen, aber die Narben bleiben für immer zurück. Und auch Narben können schmerzen, wenn auch nicht so stark wie frische Wunden.

Die jungen Frauen haben in ihrem Leben häufig keine Konstanz erfahren. Sie wurden mißachtet, herumgeschoben, mußten sich öfters an neue Umgebungen und Bezugspersonen gewöhnen. Sie hatten und haben es schwer, sich im Leben zu orientieren. Chaotische und wechselnde Lebensbedingungen haben sie oftmals begleitet, woraus der Wunsch nach etwas Dauerhaftem resultiert.

„(...) in ihrem enormen Bedürfnis nach Konstanz, ich habe mir schon mal überlegt, die wollen wirklich auch etwas, was ihnen ganz alleine gehört und was sie behalten können, und wenn es bloß die Narbe ist."(Susanne)

Die Narben sind nun dauerhaft, sie gehören zu ihnen und können mit Befriedigung gezeigt werden.

Mädchen und Frauen, die ritzen, erkennen sich untereinander an ihren Narben.

„Sie sind von der Problemlage wie Outlaws, (...), und das [die Narben] sind Zeichen von bestimmten Problemen."(Rita)

In diesem Zusammenhang wirken die Narben wie Signale, die die jungen Frauen bei anderen sofort bemerken. Auch an der Art, wie sie die Wunden und Narben verstekken, erkennen sie sich. Sie vermuten, daß die andere ähnliche Erfahrungshintergründe hat wie sie selbst und fühlen sich mit ihr solidarisch. Dadurch entsteht ein Gruppenzugehörigkeitsgefühl, das zumindest kurzfristig identitätsstiftend wirken kann.

Die gesellschaftliche Bewertung von Narben ist bedeutsam für die Interpretation der Funktion des Ritzens. Narben gelten gemeinhin als häßlich und, je nach dem wie groß sie sind, als entstellend. Menschen werden für ihre Narben bemitleidet, in der Regel führen unglückliche Umstände zu ihrer Entstehung. Die gängige Schönheitsnorm, eine glatte, reine und weiche Haut zu haben, die sich gut anfaßt, wird schon in der Bibel ausdrücklich gefordert: „Ihr sollt an eurem Leib keine Einschnitte machen noch eure Zeichen einätzen; ich bin der Herr." (zit. n. Frankfurter Rundschau, 1997). Dies gilt heute für Frauen in anderem Maß als für Männer. Bei Männern lassen Narben eher Stärke und Durchsetzungsvermögen vermuten, allerdings nur sofern sie nicht verunstalten. Mit Narben werden Gefahr, Kampfsituationen, Rettungsaktionen oder Abenteuer assoziiert, in denen Männer sich mutig für sich und andere einsetzten, sozusagen ihren Mann standen. Bis zu einem gewissen Grad repräsentieren Narben Männlichkeit. Und „Einen schönen Mann kann doch nichts (auch keine Narben) entstellen." Frauen hingegen sollen möglichst einen makellosen Körper haben. Männliche Attribute wie Mut, Kraft und Zielstrebigkeit stehen ihnen nicht zu, wenn sie die Unversehrtheit ihres Körpers und ihrer Haut gefährden. Selbst zugefügte Narben gelten zwar auch bei Männern nicht als männlich, aber unabhängig von der Art ihrer Entstehung werden Narben bei Männern positiver bewertet als bei Frauen.

Die Mädchen aber halten sich an das Unversehrtheitsgebot nicht. Sie führen aktiv den Prozeß der Narbenbildung herbei, was sonst der Körper bei Erkrankungen von allein tut. Dadurch übernehmen die Narben eine gewisse Protestfunktion. Sie symbolisieren sowohl den Protest gegen übliche Schönheitsvorstellungen für Frauen als auch gegen die individuelle Erfahrung, ungeliebt zu sein.

Die Zurichtung[15] des weiblichen Körpers

Sowohl Frauen als auch Männer haben ein Bild im Kopf, wenn sie an einen schönen Frauenkörper denken. Je nach individuellen Vorlieben variiert dabei zwar die Größe oder die Haar- und Augenfarbe etc., aber die Vorstellung orientiert sich weitestge-

[15] Diesen Begriff habe ich Sykora (1989) entlehnt, aber auch Haug/Hauser (1988) verwenden ihn.

hend an dem Schönheitsideal der jeweiligen Zeit. Eine Frau soll schlank und straff, auf keinen Fall jedoch ausladend sein. Ihr Busen soll groß oder vielleicht auch etwas kleiner sein, aber vor allem darf er nicht hängen. Taille und Po müssen das richtige Verhältnis zueinander haben und den Modelmaßen möglichst nahekommen. Lange, vielleicht etwas sportliche Beine komplettieren dieses Bild. Das ebenmäßige Gesicht wird von vollen, langen Haaren umspielt. Die Hände sollen zart aussehen und nicht an schwere Arbeit denken lassen. Und der Körper soll gepflegt erscheinen, ohne daß zu erkennen ist, wieviel Mühe tatsächlich dahintersteckt. Denn am allerbesten wäre es, wenn Frau von Natur aus so schön wäre. Ansprechende Kleidung und das richtige Make-up sind das Beiwerk, das den schönen Frauenkörper vervollkommnet. Dabei soll der Körper einer Frau nicht für sich selbst schön sein, sondern er wird der Bewertung von Männerblicken unterzogen. Er muß reizen und Männern als Objekt der Begierde zur Verfügung stehen. „Die Zurichtung des Körpers und aller seiner Teile ist die Herstellung einer weiblichen Identität für andere, die 'körperlich ausgedrückt' wird.“ (Haug/Hauser 1988, S.93). Frauen hingegen taxieren sich untereinander, vergleichen ihre Körper, um ihre Chancen in der Konkurrenz auszuloten.

Nun werden vermeintlich emanzipierte Frauen und Männer denken „wie langweilig, das habe ich doch längst durchschaut, ich fühle mich nicht mehr an dieses Schönheitsideal gebunden.“ Darin zeigt sich die Diskrepanz zwischen Wollen und Sein. Für viele gilt diese Norm auf der Gefühlsebene nach wie vor. Es nützt nichts, diese Vorstellungen, die einer Zwangsjacke gleichkommen, intellektuell zu entlarven. Sie sind seit langem in unserer Seele und unserem Körper, ja in unserem Frausein fest verankert. Ich gehe dabei mit Sykora (1989) konform, die die „Kindheit als Moment der Einschreibung weiblicher Codes in den zukünftigen Frauenkörper“ (ebd., S.360) beschreibt. Intellektuelle Auseinandersetzungen können diese nicht so leicht auflösen.

Aber was hat das nun alles mit Autoaggression zu tun? Ritzen hat doch mit Schönheit nichts gemeinsam. Narben sollen auch nicht zur neuen Schönheitsvorgabe für Frauen erklärt werden.[16] Die gedankliche Verbindung liegt meiner Meinung nach in der Aktivität der Handlung. Mädchen, die sich selbst schneiden, manipulieren an ihrem Körper. Und Frauen richten ebenfalls ihren Körper zu, wenn sie ihn kosmetischen Behandlungen unterziehen.

Mit enormen Aufwand versuchen Frauen ihren Körper hinzutrimmen, um ihn dem Schönheitsideal anzupassen. „Täglich bearbeiten pubertierende und erwachsene Frauen um der Schönheit willen ihren Körper: Enthaarungen, Abmagerungskuren, Haarschnitte, Dauerwellen, Gesichtspeeling und Abreiben mit Säure, Zurechtschnei-

[16] Die Bewertung von Narben ist kulturell gebunden: Frauen aus afrikanischen Stämmen im Südsudan, Zaire, Äthiopien und Nigeria lassen sich teilweise ihren ganzen Körper mit Schnitten und Tätowierungen versehen. Die Schnitte werden so behandelt, daß sie zu wulstigen Narben anschwellen, damit sie ein Leben lang zu sehen sind. Die Schmucknarben sind Stammeskennzeichen und stehen für Alter, Status, Geburtenanzahl und Attraktivität (vgl. Eisenhofer 1997; Riefenstahl 1976).

den von Fingernägeln und Nagelhaut, Fettabsaugen, Herausschneiden von Knochengewebe, Operationen an Brüsten, Hüften und Nase." (Kaplan 1991, S.391). Diese und andere Körperveränderungsformen sind Teil ihrer alltäglichen Normalität. Schon kleine Mädchen kriegen zu hören „Wer schön sein will muß leiden." Für Männer gilt das in dem Maß nicht, ihnen obliegt aber die Definitionsmacht darüber, was schön ist und was nicht. Bei der „Verschönerungsarbeit" sind Frauen hart gegen sich selbst. Und sie stärken ihr Selbstbewußtsein, wenn sie es schaffen, sich ihren strengen Maßstäben zu unterwerfen. „Wie es einerseits möglich ist, aus dem Erfüllen von Maßstäben Selbstbewußtsein zu gewinnen, so ist es andererseits unmöglich, ihnen wirklich gerecht zu werden." und „Die Unerreichbarkeit der Maßstäbe macht ihre Wirksamkeit aus. Sie ist Grundlage für die lebenslange Sorge der Frauen um ihren Körper." (Haug 1988, S.49f). Die Frauen bearbeiten ihren Körper. Der Motor, der sie unermüdlich dazu antreibt, ist die Sehnsucht, das Ziel Schönheit irgendwann doch noch erreichen zu können. Manchmal wird mit kleinen Tricks nachgeholfen, die das Äußere verändern. Aber innen bleibt alles wie es ist, die Diskrepanz zwischen Innen und Außen wird immer größer. Der eigene Körper wird den Frauen fremd. Die Entfremdung findet also nicht nur bei der Selbstbeschädigung statt. In diesem Prozeß geht den Frauen, ohne daß sie es bemerken, eine realistische Einschätzung ihres Körpers verloren. Sie brauchen längst keinen Mann mehr, der sie an die Einhaltung der rigiden Maßstäbe erinnert, denn diese sind perfekt internalisiert. Und selbstgemacht hält am besten. Das eigentlich Tragische daran ist, daß die Frauen nicht mehr fühlen, daß und wie sie ihren Körper zu einem Instrument machen. Und das gilt für fast, wenn nicht sogar für alle Frauen. Frei nach Brecht „Unsichtbar macht sich die Unterdrückung der Frauen, indem sie ungeheure Ausmaße annimmt." (zit. n. Sykora 1989, S.366), und ich möchte ergänzen, indem sie selbst immer wieder hergestellt wird.

Ich gehe zurück zu Katharina Sykora (1989). Die „Frauen [werden] durch die Einschreibung des Schönheitsparadigmas in ihre Körper funktionalisiert." (ebd., S.364). Sie werden damit zur Trägerin eines Tabus, das nicht durchbrochen werden darf. Damit wird der weibliche Körper zu einem Ort, an dem sich die Unterwerfung von Frauen in patriarchalen Strukturen zuerst manifestiert. Die untrennbare Verknüpfung des realen Frauenkörpers und des Bildes vom weiblichen Körper nennt sie „durch das Patriarchat kolonialisierte Territorien" (ebd., S.364). Der Körper gehört nicht mehr der Frau allein. Es wird von ihr gefordert, dieses Territorium kosmetisch zuzurichten, unabhängig davon, ob diese Zurichtung autodestruktiven Charakter annimmt und schmerzt. Über diesen Umgang mit dem Körper wird ein Mantel der Verschwiegenheit gebreitet, damit „der dazugehörige Prozeß individueller Verstümmelung am realen weiblichen Körper kaum mehr ablesbar ist" (ebd., S.366). Nur dieses Täuschungsmanöver hält das Bild unversehrter, idealisierter Weiblichkeit aufrecht.

Es ist außerordentlich schwierig, sich aus den Determinierungen zu lösen und Frauen haben bewußt und unbewußt große Widerstände, wenn es darum geht, die männlich bestimmten Bildvorgaben niederzureißen, denn der Preis, den sie dafür zahlen müssen, ist hoch. Nach Sykora beinhaltet diese „Deterritorialisierung" (ebd., S.364) immer selbstzerstörerische Komponenten. Die Grenze der kosmetischen, manipulativen Körperpraxis, die akzeptiert ist, wird dabei überschritten. Aber „die Zerstörungsarbeit am weiblichen Körper [reflektiert] die reale Knechtung und Verbiegung von Frauen" (ebd., S.364) und ist mehr als das Durchbrechen des Tabus.

Beim Ritzen überschreiten die Mädchen genau diese Grenze. Wo wird aber die Grenze zwischen der kosmetischen Zurichtung am weiblichen Körper und der eigenmächtigen Zerstörung, die das heile Körperbild zunichte macht, in unserer gesellschaftlichen Praxis gezogen? Beide Zugriffsmöglichkeiten auf den Körper haben etwas Brutales an sich und beide werden in dem Moment von dem Mädchen oder der Frau gewollt. Die Grenzziehung erfolgt entlang der Konstruktion des *schönen* weiblichen Körpers. Manipulationen im Dienste der Schönheit gehen häufig mit Selbstverstümmelungen einher. Schönheitsoperationen aber auch Augenbrauen zupfen, Haarentfernung o.ä. sind extrem schmerzhaft. Stöckelschuhe und knallenge, figurbetonende Kleidung beschränken die Bewegungsfreiheit und können zu dauerhaften Schäden am Bewegungsapparat führen, ein Faktum, das Haug (1988) von Bekleidungsfolter sprechen läßt. Die Mädchen und Frauen, die ritzen, tun sich selbst auch weh, oftmals vielleicht auch mehr als bei einer Kosmetikbehandlung. Dennoch liegt das Abgrenzungskriterium zwischen legitimem und pathologischem Verhalten nicht in seiner Schmerzhaftigkeit. Allein die Bewertung, ob es der (vermeintlichen) Verschönerung des weiblichen Körpers gilt oder nicht, definiert die Grenze.

Die Mädchen und Frauen, die sich Wunden und Narben zufügen, verweigern sich der Forderung, einen makellosen Körper zu haben, auch wenn sie ihren Körper zurichten. Damit ist Ritzen eine indirekte Form individuellen Widerstands gegen den gesellschaftlichen Zugriff auf weibliche Körper. Fast alle Mädchen haben diesen Zugriff in Gestalt einer konkreten Person erlebt. „Widerstand beginnt da, wo alltägliche Rollenerwartungen nicht erfüllt werden." (Heintz/Honegger 1981, zit.n. Jansen/Nemitz 1986, S.42). Der Widerstand ist aber deshalb indirekt, weil er nicht klar benannt oder bewußt eingesetzt wird. Die Wunden und Narben dokumentieren das Leiden, das den Mädchen von anderen, hauptsächlich Männern, zugefügt wurde. Ohne diese Male bliebe das erlittene Unrecht unsichtbar; das Zeigen der Wunden macht das Leiden in begrenzter Form öffentlich, so daß beim Ritzen von einer Vorform sozialen Widerstands gesprochen werden kann.

Widerstand beinhaltet immer die Vorstellung von etwas anderem, etwas besserem. In dieser Hinsicht drückt Ritzen die Sehnsucht nach einem selbstbestimmten Leben aus, das nicht Unterwerfung und Verachtung als Mädchen bedeutet. Sie wünschen sich etwas anderes als das, was sie bisher leben durften und konnten.

Durch die Selbstverletzung wehren sich die Mädchen unbewußt gegen die Vorgabe des unversehrten Frauenkörpers, die bereits in den Gesetzen des Moses im Alten Testament angemahnt wird: „Ihr sollt an eurem Leib keine Einschnitte machen noch eure Zeichen einätzen; ich bin der Herr." (zit. n. FR 1997, Nr. 132, S.18). Aber sie streben dennoch auch dem Schönheitsideal nach: Schminken und Kleidung sind für sie genauso wichtig wie für andere Frauen auch. Zugespitzt formuliert heißt das, daß sie sich gleichzeitig der Norm verweigern und ihr hörig sind. Die Zurichtung ihres Körpers findet auf beiden Ebenen statt, sie steht einerseits im Dienst des Schönheitsideals und andererseits in der Ablehnung desselben. Dabei ist es wohl leichter mit diesem Widerspruch zu leben, als das gesellschaftliche Bild vollständig abzulehnen. Denn eine rigorose Ablehnung käme einer selbst auferlegten Isolation inmitten des gesellschaftlichen Lebens gleich.

Und vielleicht drückt Ritzen auch den unbewußten Versuch aus, Widerstand dagegen zu leisten, zu einer erwachsenen Frauen werden zu müssen.

Pubertät - Konflikte bei der Entwicklung zur Frau

Die Pubertät ist für Jugendliche ein bewegender und gleichzeitig verwirrender Lebensabschnitt. Die dramatischen körperlichen Veränderungen dieser Zeit markieren unumstößlich den Abschied von der Kindheit. Verhaltensweisen, die Kindern zugestanden werden, müssen abgelegt werden zugunsten von weiblichem und männlichem Rollenverhalten - eine Entwicklungsaufgabe, die erhebliche Anpassungsleistungen erfordert. Die Adoleszenz ist durch Umorientierung gekennzeichnet, sie betrifft u.a. Beziehungsformen, Körperlichkeit und Sexualität. Für Mädchen heißt dies, sich ihren Körper und ihre Sexualität auf neue Weise anzueignen und weibliche Lebensentwürfe zu entwickeln. Oder anders formuliert, sie sind gefordert, ihre Geschlechtsidentität und ihre Geschlechtsrollenidentität weiterzuentwickeln, um als Frau einen Platz in der Gesellschaft zu finden. Die Entwicklung vom Mädchen zur Frau ist konfliktreich und macht die Mädchen labil und verletzlich. Sie unterliegen ausgeprägten Gefühlsschwankungen, die sprichwörtlich von himmelhochjauchzend bis zu Tode betrübt reichen. Auf der Suche nach einer weiblichen Identität begegnen ihnen widersprüchliche gesellschaftliche Vorgaben.

Beziehungen

Nach Gilligan (1984) sind Bindungen und Beziehungen entscheidend für die Ausformung der weiblichen Persönlichkeit. Der Aufbau und die Aufrechterhaltung dieser Beziehungen stehen im Zentrum der Entwicklung weiblicher Identität, d.h. daß junge Frauen u.a. zu ihrer Identität finden, indem sie sich in Beziehungen erfahren. Über diese Erfahrung sind sie aber in einen gesellschaftlichen Konflikt verstrickt, den sie individuell für sich lösen müssen. Im Lauf ihrer Sozialisation wird den Mädchen vermittelt, daß Beziehungen abgewertet werden, Autonomie jedoch hochgeschätzt wird. „Während aber adoleszente Mädchen einerseits vorrangig mit dem Aufbau und

Erhalt von Beziehungen beschäftigt sind, werden diese Bestrebungen andererseits weder von ihnen selbst noch von ihren männlichen Altersgenossen noch von den kulturellen Normen bejaht. Wie soll eine junge Frau stolz auf einen Teil ihrer Persönlichkeit sein können, den sie nach gesellschaftlichen Maßstäben verachten muß?" (Steiner-Adair 1992, S.243). Die Entwicklung weiblicher Identität ist damit prinzipiell in jeder Gesellschaft problematisch, die den Wert des Beziehungsaspektes negiert.

Für die Auseinandersetzung mit diesem Widerspruch werden die Erfahrungen im Rahmen des Mutter-Tochter-Verhältnisses bedeutsam. Die Art und Weise, wie die Mutter ihren Platz in Familie und Gesellschaft einnimmt und gestaltet und wie sie der Tochter ihre weibliche Identität vermittelt, fungiert für das Mädchen als Rollenmodell. In der Adoleszenz setzt sie sich mit der immer wieder erlebten Vorgabe der Mutter auseinander. Das Mädchen kann sich damit entweder ganz oder teilweise identifizieren und die Rollenvorgabe der Mutter in ihren eigenen Lebensentwurf integrieren oder sie entwertet diese und lehnt sie für sich ab. Für Mädchen mit Gewalterfahrungen ist die nachträgliche Auseinandersetzung mit der Mutter besonders schwierig. Die Mutter war z.B. bei Mißhandlungen des Mädchens möglicherweise selbst Täterin, im Falle sexuellen Mißbrauchs hat sie diesen entweder geduldet, nicht gewagt für die Tochter Stellung zu beziehen oder sie war so wenig präsent, daß sie ihn nicht wahrgenommen hat. In jedem Fall war die Rolle der Mutter im Erleben der Tochter zweifelhaft. Sie hat entweder ihren Platz als Frau nicht aktiv und verantwortungsvoll besetzt, hat die Tochter, und damit auch deren Weiblichkeit, abgelehnt oder sie war im Umgang mit ihr nicht solidarisch und einfühlsam. Insofern verkörpert die Mutter weder emotionale Wärme und Fürsorge (Beziehungsaspekt), noch kann sie als durchsetzungsfähige Frau gesehen werden, die ihren Handlungsspielraum nutzt und erweitert (Autonomie). Für die Tochter heißt das, daß die Rollenvorgabe der Mutter für das eigene weibliche Selbstkonzept nicht akzeptabel ist, sie trägt bei der Auseinandersetzung mit dem gesellschaftlichen Widerspruch zwischen Beziehung und Autonomie nicht zur Klärung bei.

In diesem Zusammenhang erhalten Mädchenfreundschaften als Neuauflage der Bearbeitung des Mutter-Tochter-Verhältnisses enormes Gewicht. Sie sind der Ort, an dem neu entworfene Selbstkonzepte relativ gefahrlos erprobt, eingeübt oder verworfen werden können. Meine Erfahrungen aus der Mädchenarbeit zeigen mir immer wieder, daß Mädchenfreundschaften in dieser Zeit sehr schnell geschlossen und auch wieder aufgekündigt werden. Für Mädchen, die Gewalt erlitten haben, scheint mir dies in besonderer Hinsicht zu gelten: sie haben i.d.R. Schwierigkeiten dabei, anderen zu vertrauen, enge Beziehungen überhaupt auszuhalten und Konflikte auszutragen; drei Aspekte, die für die Kurzlebigkeit von Freundschaften sprechen. Damit sind für sie Mädchenbeziehungen als Ort der Erprobung von Selbstkonzepten begrenzt.

Exkurs: Das Selbst-in-Beziehung

In den Überlegungen zu sozialen und psychischen Bedingungen weiblicher Identitätsfindung entwerfen feministische Theoretikerinnen (Benjamin 1990; Chodorow 1985; Jordan und Surrey 1986 u.a.) das Konzept des Selbst-in-Beziehung. An dieser Stelle möchte ich die Grundaussagen dieser Konzeptualisierung kurz darstellen, um meinen Ausführungen über die Beziehungen einen theoretischen Rahmen zu geben. Dabei beziehe ich mich vor allem auf die psychoanalytischen Ansätze von Chodorow (1985) und Jordan und Surrey (1986).

Für Kinder findet die erste Erfahrung ihres Selbst in der frühen Beziehung zur Mutter statt. In unserer Kultur ist, abhängig von der noch immer bestehenden geschlechtsspezifischen Arbeitsteilung, die Mutter das erste Selbstobjekt des Kindes, dessen Funktion darin besteht, seine Verschmelzungswünsche zu spiegeln und zu akzeptieren. Diese frühen Beziehungserfahrungen führen allerdings im Lauf der Entwicklung bei Mädchen zu anderen Konsequenzen als bei Jungen.

Die Gleichgeschlechtlichkeit zwischen Mutter und Tochter ist für die Entwicklung des Mädchens von zentraler Bedeutung. Die Mutter spiegelt vorwiegend die Merkmale und Verhaltensweisen der Tochter, die ihrem eigenen Weiblichkeitsschema entsprechen. Auf Grund der Gleichheit des Geschlechts ist die Mutter in der Lage, sich empathisch in die Bedürfnisse der Tochter einzufühlen, so daß eine engere beziehungsmäßige Verbundenheit und wechselseitige Identifikation zwischen Mutter und Tochter existiert als zwischen Mutter und Sohn. Der Sohn wird hingegen von der Mutter, wegen seines anderen Geschlechts, eher als eigenständiges Wesen erlebt. Der Aspekt der Geschlechtsgleichheit zwischen Mutter und Tochter ist aber zunächst einmal positiv zu werten.

Jordan und Surrey (1986, nach Mertens 1992) beschreiben drei Strukturaspekte der Mutter-Tochter-Beziehung, die im Lauf der Entwicklung bei Mädchen das Selbst-in-Beziehung entstehen lassen: Als erster Aspekt ist das anhaltende Interesse und die emotionale Aufmerksamkeit des Mädchens der Mutter gegenüber zu nennen, welche sich bei Mädchen stärker ausprägen als bei Jungen. Daraus ergibt sich in der Folge ein Sich-Einstellen auf die Gefühle anderer und damit der Ursprung für die Fähigkeit zur Empathie. Beim zweiten Strukturaspekt handelt es sich um die Erfahrung gegenseitiger Empathie, die durch zuhören, antworten, spiegeln und gegenseitige Identifizierungen vermittelt wird und sich im Kontext einer tiefen emotionalen Verbundenheit entwickelt. Der dritte Faktor liegt in dem wechselseitigen Prozeß der gegenseitigen Verstärkung. Dabei werden Mutter und Tochter höchst sensibel für den Gefühlszustand der anderen, sie kümmern sich umeinander und die Tochter lernt das „Muttern“ als wichtige Grundlage für innige Beziehungen.

Die Wechselseitigkeit und Rollenflexibilität der frühen Mutter-Tochter-Beziehung ermöglichen, daß Mädchen und Frauen in bestimmten Beziehungssituationen schnell imstande sind, die Perspektive anderer zu übernehmen. Diese Fähigkeit nennen Jordan und Surrey (1986) die „oszillierende Selbststruktur".

Die zunächst positiv zu interpretierende Entwicklung des Selbst-in-Beziehung bei Mädchen beinhaltet nach Chodorow (1985) aber erhebliche Konflikte und Beschränkungen in der weiblichen Identitätsfindung. „Weil sie [die Mütter] dasselbe Geschlecht wie ihre Töchter haben und selbst einmal Mädchen waren, neigen Mütter von Töchtern dazu, diese nicht in gleicher Weise als verschieden von sich selbst zu betrachten wie Mütter von Söhnen. In beiden Fällen empfindet die Mutter ein Gefühl der Einheit und Kontinuität mit ihrem Kind. Dieses Gefühl ist jedoch Töchtern gegenüber auf jeden Fall stärker und anhaltender." (ebd., S.143). Mütter erleben Töchter eher als (narzißtische) Erweiterung ihrer selbst, was sich in der Symbiose und der primären Identifikation manifestiert. Sie besetzen Töchter weniger als sexuell anderes und damit separates Wesen. In der exklusiven präödipalen Beziehung zur Mutter fällt es folglich dem Mädchen auf Grund der Geschlechtsgleichheit schwer, sich als abgegrenztes Subjekt zu erleben und zu definieren, ein Faktum, das zu einer stark ambivalenten Einstellung gegenüber der Mutter führt. Diese verkörpert sich in dem Wunsch nach unendlicher Liebe und Nähe bei gleichzeitiger Feindseligkeit gegenüber der Mutter.

Die ödipale Triangulierung, in der die Beziehung zum Vater an Bedeutung gewinnt, löst die enge psychische Verbindung zur Mutter nicht maßgeblich. Die präödipale Zuneigung, die durch dramatische Intensität und Ambivalenz gekennzeichnet ist, bleibt bestehen und wird von der Tochter nie ganz aufgegeben. Die starke Gefühlsbeziehung zum Vater basiert damit immer auf der frühen Beziehung zur Mutter, wodurch die Vaterbeziehung nicht annähernd die Exklusivität der Mutterbeziehung erreicht. Töchter sehen ihre Väter zwar als separate Wesen, die Unabhängigkeit und außerhäusliches Leben repräsentieren, und sie identifizieren sich mit einzelnen Anteilen von ihnen. Auf Grund der Gleichgeschlechtlichkeit mit der Mutter vollziehen sie aber keinen vollständigen Wechsel in der Wahl ihres Identifikationsobjektes von der Mutter hin zum Vater. Die Entscheidung für ein Sexualobjekt erfordert eben diesen Objektwechsel bei Mädchen nicht. „Es zeigt sich vielmehr, daß für Mädchen die äußeren und inneren Beziehungen zur Mutter äußerst wichtig bleiben, und daß die Beziehung zum Vater auf bestimmte Weise hinzugefügt wird." (ebd., S.123). Durch die Verarbeitung und Internalisierung präödipaler und ödipaler Objektbeziehungserfahrungen werden bei Mädchen Beziehungsfähigkeiten aufrechterhalten, die bei Jungen beschnitten werden. Diese Fähigkeiten korrespondieren aber immer mit Konflikten hinsichtlich Trennung, Individuation, separater Identität, Abgrenzung, Selbstverwirklichung und Unabhängigkeit, die als Ideale unseres Kulturkreises gelten. Mädchen und Frauen bleiben auf Grund ihrer Sozialisation mehr oder weniger ihr Leben lang in diese Konflikte verstrickt. Gesellschaftliche Bedingungen, besonders die geschlechtsspezifische Arbeitsteilung und die damit einhergehende Ungleichheit in der Bewertung der Geschlechter, nähren diese Konflikte in effizienter Weise.

In der Adoleszenz werden die Erfahrungen der präödipalen und ödipalen Objektbeziehungen erneut thematisiert. Die Entwicklung dieser Zeit kreist um die Aspekte Objektverzicht und Objektbesetzung. Zu Beginn der Pubertät muß sich das Mädchen mit ihrer Verwicklung in die familiären Beziehungen konfrontieren, dabei setzt sie sich besonders mit der Beziehung zur Mutter auseinander. Das Mädchen weiß kognitiv, daß sie von der Mutter differenziert ist, obwohl sie sich emotional als eng verbunden mit ihr empfindet. Die Hauptaufgabe dieser Phase besteht in der langen und schmerzlichen Trennung von der Mutter, die in Ambivalenz eingebettet ist. Die Konfrontation mit den psychologischen Bedingungen des Frauseins verstärken aber immer auch ihre Bindung an und die Identifikation mit der Mutter. Langsam verlagert sich im weiteren Verlauf der Entwicklung i.d.R. das Interesse von der Mutterbeziehung auf den Vater und damit auf Männer im allgemeinen. Auch wenn sich die meisten Mädchen für die Heterosexualität entscheiden, geben sie die (präödipale) Liebe zur Mutter nie endgültig zugunsten der heterosexuellen Liebe auf, auch wenn sie eine eindeutige genitale Objektwahl getroffen haben. „In unserer Gesellschaft bleiben adoleszente Mädchen stärker an ihre Mütter gebunden und thematisieren in Beziehung zu ihr präödipale und ödipale Probleme, auch dann, wenn sie 'heterosexuell' werden. Das hat keine biologischen Ursachen, sondern liegt daran, daß die Mütter eben die primären Pflegepersonen sind.“ (ebd., S.183).

Nun stellt sich die Frage, in welchem Kontext das Konzept des Selbst-in-Beziehung bei Mädchen und jungen Frauen steht, die ritzen. In der Pubertät erfahren sie, wie andere Mädchen auch, die Diskrepanz zwischen der Abwertung von Beziehungen und den eigenen Beziehungswünschen. Und sie sehen sich vor die Aufgabe gestellt, sich mit der Beziehung zur eigenen Mutter auseinandersetzen zu müssen. Für Mädchen mit körperlichen und sexuellen Gewalterfahrungen ist die Bearbeitung des Mutter-Tochter-Verhältnisses über das normale Maß hinaus erschwert: Die Beziehung zur Mutter war möglicherweise gestört, so daß die Tochter in einem lieblosen Klima wenig Beziehungskompetenzen erwerben konnte, was sie u.U. nun als Defizit erlebt. Die Mädchen sind außerdem häufig von dem sehnlichen Wunsch nach einer liebevollen Mutter beherrscht, so daß die ohnehin schwierige Abgrenzung von ihr unmöglich wird. Oder die Mutter wird umfassend abgelehnt, so daß positive Beziehungsanteile in das eigene Erleben des Mädchens nicht integriert werden können. Diese Überlegungen zeigen, daß für Mädchen mit Gewalterfahrungen die Entwicklung einer abgegrenzten weiblichen Identität doppelt erschwert ist.

Körperliche Veränderungen und Sexualität

In der Pubertät beschäftigen sich die Mädchen extrem viel mit ihrem Körper. Die sich wandelnde Selbstwahrnehmung und die Reaktionen anderer auf die körperliche Entwicklung wirken auf ihr psychisches Empfinden. Die körperlichen Veränderungen (Wachsen der Brüste, Menstruation und vaginale Lustgefühle) und die zunehmende Bedeutung von genitaler Sexualität sind die wichtigsten Erscheinungen für das Körper-Ich dieses Lebensabschnitts (M. Mitscherlich 1989). Sie sind aufregend und auch ängstigend, aber vor allem mit Wünschen, Hoffnungen und Phantasien verknüpft. Die Mädchen sind gezwungen, sich mit ihrem künftigen Sexualverhalten, das betrifft auch die Geschlechtspartnerorientierung, und ihrer Reproduktionsfähigkeit auseinanderzusetzen. Dabei sind sie sowohl auf die Erfahrungen mit den Eltern als auch auf das gesellschaftlich geprägte Bild von Weiblichkeit zurückgeworfen.

In der Auseinandersetzung mit dem Mutterbild geht es um die Frage, wie die Mutter mit ihrer Sexualität umgeht, ob sie sich als Frau vermittelt, die sexuelle Bedürfnisse und Wünsche hat. Die Erfahrungen mit dem Vater werden daraufhin überprüft, wie er das Verhalten der Mutter bewertet und wie er darauf reagiert. Im Verlauf der Beschäftigung mit diesem Thema müssen die Mädchen eine eigene Position beziehen, dadurch wird der Individuations- und Ablösungsprozeß der Kindheit mit all seinen Problemen wiederbelebt. Dies gilt auch für Mädchen, die zu dem Zeitpunkt schon nicht mehr bei ihrer Familie leben.

Im gesellschaftlichen Denken stehen sich Mütterlichkeit und ein aktives Sexualleben wie zwei unvereinbare Pole gegenüber. Eine sexuell aktive Frau wirkt nicht mütterlich, eine Mutter hat kein Sexualleben. Der „Antagonismus von Mütterlichkeit und sexueller Leidenschaft" lastet wie ein „Verhängnis" auf dem weiblichen Geschlecht (Poluda-Korte 1988, zit.n. King 1992, S.105). Ein gleichberechtigtes Nebeneinander beider Aspekte gilt als nicht lebbar. Diese gesellschaftliche Vorstellung wird in den individuellen Erfahrungen der Töchter bestätigt.

Zudem fällt es ihnen schwer, ihren Körper als liebenswert zu entdecken, wenn er immer danach beurteilt wird, ob er dem gesellschaftlichen Schönheitsideal entspricht. Bei der Entwicklung einer weiblichen Geschlechtsidentität erfahren Mädchen weniger Unterstützung als viel mehr Begrenzungen und Widersprüche. Für die Bewertung des eigenen Körpers gibt es nur die Kriterien schön oder nicht schön. Wird ein Körperteil als nicht schön empfunden, so beinhaltet das häufig die Abwertung des gesamten Körpers ohne Relationen. Ein weiteres Beispiel dafür ist die gesellschaftlich konstruierte Polarität von sexueller Attraktivität und Mütterlichkeit, die bei der

Heranwachsenden Spaltungsprozesse aktivieren kann. Zwischen beiden Extremen existieren zwar individuelle Variationsmöglichkeiten, Mädchen verfügen in der Regel jedoch nicht über Rollenmodelle, die beide Seiten souverän leben. In dieser Polarisierung werden einander ausschließende Gegensätze konstruiert, die weiblicher Körperlichkeit nicht entsprechen. Innerhalb der widersprüchlichen Vorgaben können Mädchen kaum lernen, ihren Körper mit den Möglichkeiten, sexuelle Lust zu erleben und Kinder zu gebären zu akzeptieren. Die beschriebenen Spaltungsprozesse führen im Erleben dazu, Ambivalenzen auszublenden statt auszuhalten.

Was bedeuten die Ausführungen nun für Mädchen, die körperliche oder sexuelle Gewalt erlitten haben? Wie bereits oben beschrieben, ist die Auseinandersetzung mit dem Rollenverhalten der Eltern für sie besonders brisant. Aber auch das Akzeptieren und eine positive Besetzung des eigenen Körpers sind heikle und ambivalente Themen, weil sie nie erfahren haben, daß er geachtet wurde. Gerade mißbrauchte Mädchen finden sich in ihrer Geschlechtlichkeit nur schwer zurecht, häufig ist ihr Verhalten stark sexualisiert. Oft instrumentalisieren sie ihre Sexualität, d.h. sie setzen diese als Mittel zum Zweck ein, wobei immer die eigene Abwertung mitschwingt. Oder Sexualität und die damit verbundenen Körperempfindungen sind auf Grund der Mißbrauchserfahrungen derart vorbelastet und angstbesetzt, daß die Mädchen damit möglichst nichts zu tun haben wollen. Sie berühren sich selbst ungern, wodurch die Erforschung ihres Körpers, besonders der Geschlechtsorgane, und damit einhergehende lustvolle Empfindungen gehemmt sind. Sie verhalten sich so, als ob das Geschlecht in ihrem Leben Nebensache ist.

> „Diese Mädchen haben große Probleme mit ihrer Weiblichkeit. Sie lehnen es ab, weiblich zu sein oder sich weiblich zu fühlen."(Eva)

In ihrer individuellen Situation führen die Mädchen unbewußt die gesellschaftlich erzeugte Dichotomisierung von Sexualität und Mütterlichkeit fort, wenn ihr Verhalten entweder stark sexualisiert oder nahezu asexuell ist. Damit manifestiert sich ihre Problematik in einer gesellschaftlich unauffälligen, weil weit verbreiteten Form, wie es häufig bei mädchen- und frauenspezifischen Störungen zu beobachten ist.

Die körperlichen Veränderungen der Pubertät lösen in jedem Fall ambivalente Gefühle aus, weil diese die Mädchen unweigerlich daran erinnern, daß sie nicht verhindern können, sich zu einer erwachsenen Frau zu entwickeln. Diese individuelle Einstellung zum eigenen Frausein kommt zu den ohnehin problematischen Bedingungen weiblicher Identitätsfindung in unserer Gesellschaft erschwerend hinzu.

Das erschütterndste Zeugnis über ein hochgradig gestörtes Verhältnis zur eigenen Weiblichkeit und Geschlechtlichkeit gibt Elfriede Jelinek (1991) in ihrem Roman „Die Klavierspielerin", der stark autobiographische Züge trägt. Sie beschreibt dort minutiös und kraß, wie sich die Protagonistin mit einer Rasierklinge die Scheide aufschneidet.[17] Die Entfremdung von der eigenen Weiblichkeit und dem Körper, die Angst vor Sexualität und auch der Zwang und die Machtgefühle beim Schneiden werden dabei für die LeserIn deutlich spürbar. Ein tragischeres Beispiel für die Abwertung und Ablehnung des eigenen Frauseins ist kaum vorstellbar. Überdies berichtet auch Burstow (1992) von Klientinnen, die ihre Genitalien verletzten.

Menstruation

Menstruation ist eine körperliche Erfahrung, deren individuelles Erleben durch soziale Bewertungen überformt ist. Die Menarche ist für Mädchen das markanteste Signal bei der Entwicklung zur Frau, weil sie eindeutig die Geschlechtsreife ankündigt. Auf der körperlichen Ebene stellt die Menstruation das Unfaßbare im Prozeß des Frauwerdens dar und macht es zugänglich und konkret. Sie veranlaßt, daß Mädchen die Vorstellungen über ihren Körperinnenraum aktualisieren und verfestigen.

Auf emotionaler Ebene ist die weibliche Blutung ein zwiespältiges Geschehen. Die körperliche Erfahrung kann nicht auf Anhieb akzeptiert und integriert werden. „Im Widerstreit ihrer Gefühle erleben die Mädchen ihre Menstruation als schwer zu bewältigendes Paradoxon: als Geschenk und Zumutung, als Versorgung und Verfolgung zugleich, - sie werden hin und hergerissen von Triumph und Scham, Stolz und Kränkung, Lust und Ekel, Potenz und Schwäche, Selbstbehauptung und Unterwerfung.“ (Poluda-Korte 1992, S.154). Die Verarbeitung dieser Ambivalenz hängt davon ab, ob die Mädchen ihre Abwehrmechanismen sinnvoll einsetzen können, ohne ihre Entwicklung dadurch zu blockieren. Nur dann können sie die neuen Erfahrungen dosiert zulassen und die widerstreitenden Anteile langsam miteinander verbinden.

Das unwillkürliche Austreten von Menstrualblut aus der Vagina wird von Mädchen als Verlust von Substanz, Sauberkeit und Kontrolle erlebt. „(...) das Ausfließen des Blutes aus dem Körperinneren rührt an tieferliegende Ängste vor dem Verlust der Kontrolle und der Körperintegrität.“ (Hug 1989, S. 95). Dieser Aspekt spielt bei Mädchen mit Mißbrauchserfahrungen eine außerordentliche Rolle. Sie haben Angst davor, die Kontrolle darüber zu verlieren, was mit ihnen passiert, weil sie dieses Gefühl allzu oft erleben mußten. Ihre körperliche Integrität wurde durch die sexuellen Übergriffe immer wieder verletzt. Das kulturell als unrein bewertete Menstrualblut fließt aus ihrem Körper, den sie ohnedies als beschmutzt betrachten.

Der gesellschaftliche Umgang mit der Menstruation verstärkt die Angst der Mädchen, die Kontrolle zu verlieren. Menstruation wird als biologischer Sachverhalt, als Krankheit oder Unreinheit mit Konsequenzen für die Sexualität konstruiert. Vor der monatlichen Blutung gelten Mädchen und Frauen als weinerlich, währenddessen als

[17] In einem Interview in „Die Zeit“ (1990, Nr. 26) nimmt Elfriede Jelinek dazu Stellung.

launisch und aggressiv. Menstruation wird entweder tabuisiert oder als schmutzig, krankhaft oder störungsanfällig medizinisch erfaßt. Das Blut soll weder zu sehen noch zu riechen sein und die körperlichen Empfindungen, die mit der Blutung verbunden sind, sollen möglichst minimiert werden. Wenn es nach der Werbung für Tampons geht, kann eine Frau während der Menstruation nur normal leben, wenn sie sich an die entsprechenden Hygienevorgaben hält. Nur wenn die Menstruation unsichtbar gemacht wird, wenn sie niemand bemerkt, auch die Frau selbst nicht mehr, dann ist ihre Unabhängigkeit und Sicherheit garantiert. Fragt sich nur, wovon sie unabhängig und wovor sie sicher sein soll. Soll sie unabhängig sein von dem natürlichen Zyklus ihres eigenen weiblichen Körpers? Soll sie sicher davor sein, sich mit den Bedingungen ihrer Fraulichkeit auseinandersetzen zu müssen? Es wird an dieser Stelle klar, daß eine solche Haltung Mädchen und Frauen dazu zwingt, innere Gegebenheiten ihrer Weiblichkeit zu verstecken und zu verleugnen. Sie hat zur Folge, daß die Angst vor dem Kontrollverlust erfolgreich verdrängt werden muß.

Die Menstruation wird Mädchen als widersprüchliches Phänomen vermittelt. Sie ist entweder ein vielfältiges Leiden, dem Frauen, gleich einer Plage, ausgesetzt sind, oder wird manchmal als Quasi-Identitätsmerkmal der Frau zelebriert. Beide Einstellungen bestreiten, daß die Monatsblutung etwas Normales im Leben von Frauen ist. Der gesellschaftlich inszenierte Umgang mit Menstruation ist ein Ausdruck der sozialen Verhältnisse (vgl. Hug 1989): Weibliches gilt nicht als normal, solange es versteckt oder überbetont werden muß. Diese Einstellung wirkt sich entsprechend auf das Selbstverständnis von Frauen aus. Mädchen sollen in der Pubertät die kulturimmanenten Einstellungen zur Menstruation verinnerlichen. Sie fördern allerdings keineswegs das Entdecken und Akzeptieren der eigenen Geschlechtlichkeit.

Simpson (1975) stellt in seiner Untersuchung zum Ritzen fest, daß mehr als die Hälfte der jungen Frauen auf die Menarche und die Menstruation negativ reagierten und sich dadurch erheblich gestört fühlten. Mädchen, die ritzen, haben aber in jedem Fall eine ambivalente Einstellung zu ihrem Blut. Sie empfinden ihr Menstrualblut überwiegend als beschämend und unrein, wie andere Mädchen auch. Beim Ritzen hingegen ist das Blut enorm wichtig. Wenn es beim Schneiden der Haut hervortritt, erleben sie es als angenehm warm und wohltuend. In diesem Verhalten ist ihnen der Kontakt mit der inneren Lebendigkeit möglich. Und vor allem können sie dann das Blut mehr oder weniger kontrollieren. Sie entscheiden, wann und wie stark ihr Körper bluten soll.

Motivation

Die unbewußten Motive, die dem Ritzen zugrunde liegen, sind in die bisherige Auseinandersetzung bereits immer wieder mit eingeflossen. An dieser Stelle möchte ich die Hauptmotive möglichst kurz und klar benennen, um sie der LeserIn noch einmal in Erinnerung zu rufen. Darüber hinaus befasse ich mich in diesem Teil mit der Angst, die im Erleben der Mädchen eine wesentliche Rolle spielt.

Im Ritzen liegt vor allem der sehnliche *Wunsch, sich selbst zu spüren*. In ihrer Kindheit waren die Mädchen gezwungen, sich gegenüber allen Gefühlen unempfindlich zu machen, um die unerträglichen psychischen Schmerzen ihrer Erlebnisse nicht fühlen zu müssen. Dieser Mechanismus bleibt so lange wirksam, bis die Erfahrungen verarbeitet werden können. In der Folge fühlen sich die Mädchen nicht lebendig. Der Anblick der Wunden und der Schmerz beim Ritzen ermöglichen den Mädchen, sich zu spüren. Sie fühlen sich danach entspannt und haben ein deutliches Körpergefühl. Insofern versuchen sie, sich durch das Ritzen ihre eigene Existenz zu beweisen und dadurch psychotische Zustände abzuwehren.

Im scheinbaren Widerspruch dazu steht das *Bedürfnis, die schmerzhaften und bedrohlichen Gefühlen nicht mehr empfinden zu müssen*. Angst, Wut, Haß, Trauer und Aggressionen, die die Mädchen im Zusammenhang mit ihren Erfahrungen entwikkelten, nehmen derart unerträgliche Ausmaße an, daß sie unterdrückt werden müssen. Durch die Verdrängung erhalten die Gefühle eine gewisse Eigendynamik, die den Mädchen außer Kontrolle zu geraten droht. Dies gilt ebenso für die Erinnerungen an die erlittenene Gewalt. Sie ahnen, daß die unerträglichen Gefühle in Verbindung mit ihren Erinnerungen hervorbrechen können und fürchten, diese nicht aushalten und den Prozeß nicht steuern zu können. Deshalb wünschen sie sich nichts mehr, als diese schmerzenden Gefühle nicht mehr haben zu müssen.

In ihrer Selbstverletzung verfügen die Mädchen über *Kontrolle*. In ihrer Kindheit wurde ihr Verhalten und ihr Körper von anderen Personen kontrolliert, sie hatten teilweise keinen Einfluß darauf, was mit ihnen passiert. Insofern haben sie Angst davor, die Kontrolle zu verlieren. Ritzen stellt eine Möglichkeit dar, den eigenen Körper zu kontrollieren. Das Mädchen entscheidet, womit, wann und wie tief sie sich schneidet. „(...) sie kann sogar das genaue Muster ihrer Schnitte vorherbestimmen, die sie in ihren Leib schneiden wird." (Burstow 1992, S.196). Die Kontrolle innezuhaben vermittelt auch ein Gefühl von Stärke, Kraft und Stolz, das in anderen Lebensbereichen häufig fehlt oder nur schwer herzustellen ist.

Im Ritzen liegt eine *Aktualisierung der erlittenen Gewalt*. In ihrer Geschichte sind die Mädchen von den Eltern oder anderen Personen körperlich mißhandelt oder sexuell mißbraucht worden. In der Selbstverletzung führen sie dieses Muster fort, nun sind sie die Täterinnen, die die Mißhandlung kontrollieren.

Ritzen ist eine Form der *Selbstbestrafung*. In Verbindung mit den verwirrenden Kindheitserlebnissen konnten die Mädchen kein positives Selbstwertgefühl entwikkeln. Sie sind unsicher darüber, ob sie Schuld am sexuellen Mißbrauch haben oder ob ihre Eltern sie vielleicht zurecht körperlich bestraft haben. In der Folge werten sie sich massiv und umfassend ab. Ihr negatives Selbstbild steht in einer Diskrepanz zu den Idealvorstellungen hinsichtlich ihrer Person. Dafür bestrafen sie sich. Zudem können sie ihre Aggressionen nur gegen sich wenden, weil sie sich nicht trauen, diese gegen die Personen zu richten, die ursprünglich für ihr seelisches Leid verantwortlich sind.

Die Selbstverletzung ist eine *Form indirekter Kommunikation*. Es fällt den Mädchen ausgesprochen schwer, über Gefühle und die damit verbundenen Schmerzen zu sprechen. Statt dessen sprechen die selbst zugefügten Wunden für sie. Sie verweisen eindrucksvoll auf die seelische Not der Mädchen und drücken den Wunsch nach Zuwendung aus. In diesem Sinn kann das Ritzen als Hilfsappell interpretiert werden.

Ritzen ist eine *Widerstandsform*. Mit ihrer Verletzung demonstrieren die Mädchen, daß ihnen in der Vergangenheit körperliche und seelische Schmerzen zugefügt wurden. Sie machen sich damit zu Anklägerinnen des Unrechts, das ihnen widerfuhr. Damit lehnen sie sich indirekt gegen die Gewalt auf, der Mädchen und Frauen in unserer Gesellschaft ausgesetzt sind. Zudem widersetzen sie sich patriarchalen Forderungen, wie Frauen mit ihrem Körper umzugehen haben. So gesehen mißachten sie unbewußt kulturelle Normen und fordern die heraus, die für die Einhaltung dieser gesellschaftlichen Regeln stehen.

Die *Angstabwehr* ist ein weiteres zentrales Motiv, das hinter dem Ritzen zu erkennen ist. Die Betrachtung der Ängste der Mädchen kann erklären, inwiefern das Ritzen ein Abwehrverhalten ist.

Angst

Angst spielt bei allen Mädchen und Frauen, die ritzen, eine erhebliche Rolle. Sie ist ein umfassendes Gefühl, das ihr Leben in allen erdenklichen Bereichen begleitet. Das deutet sich vor allem in Träumen an. Die Angst gehört aber auch zu den Emotionen, die verdrängt und abgespalten werden, um sie der eigenen Wahrnehmung zu entziehen.

> „(...), und sie haben große Ängste davor, das alles zu spüren, was in ihnen ist. (...), wenn sie das alles fühlen oder spüren würden, was sie in sich haben an Gefühlen und Ängsten, ich glaube, dann würden sie gar nicht mehr leben können, weil sie oft so voll sind mit diesen Gefühlen, und eine Form, das ein bißchen abzulassen, kann auch dieses Ritzen sein."(Susanne)

Die Mädchen wissen mit ihren Ängsten nicht umzugehen; deren Abspaltung verhindert jedoch nicht, daß die Ängste virulent bleiben, auch wenn sie nicht immer bewußt wahrgenommen werden. Ritzen ist deshalb eine Möglichkeit, mit erahnten und konkreten Ängsten umzugehen.

Die Ängste der Mädchen beziehen sich auf die folgenden Bereiche: Das Selbst betreffende Ängste, Ängste hinsichtlich bestimmter Situationen und Kontakte und Ängste, die mit dem Ritzen an sich zusammenhängen.

Die Mädchen haben Angst davor, ihre schmerzlich- bedrohlichen Gefühle nicht aushalten zu können und von ihnen überschwemmt und deshalb verrückt zu werden. Sie haben aber teilweise auch Angst vor positiven Gefühlen, denn sie sind nicht sicher, ob sie ihnen trauen können. Auf Grund der Verdrängung aller Gefühle zeigt sich die größte Angst darin, gänzlich das Gefühl für das eigene Selbst zu verlieren. Ferner haben die Mädchen Angst, sich auszudrücken, weil sie sich wenig zutrauen und nur über geringe Ausdrucksmöglichkeiten verfügen.
Die auf Kontakte bezogenen Ängste betreffen zunächst das Verlassenwerden. Die Angst vor dem Verlust eines äußeren Objekts ist stark ausgeprägt. In anhaltenden Beziehungen fürchten die Mädchen zu große Nähe und Abhängigkeit, aus der sie sich nicht befreien können. Sie haben Angst, Beziehungssituationen ausgeliefert zu sein, in denen sie sich nicht schützen oder wehren können, und in denen ihre Bedürfnisse ignoriert oder mißachtet werden. Dazu kommt die anhaltende Angst vor der TäterIn (auch wenn zu ihm oder ihr kein Kontakt mehr besteht), die solange andauert, bis die Mädchen ihre Erfahrungen verarbeiten können. Aus den Gewalterfahrungen resultiert ebenso die Angst vor körperlichen Kontakten. Angst vor dem nächsten Tag, Angst vor der Schule, Angst vor BetreuerInnen, Angst vor unangenehmen Terminen und Angst vor der Zukunft zeigen, daß das gesamte Leben und was es alles mit sich bringen könnte, extrem angstbesetzt ist.
Vor dem Ritzen selbst haben die Mädchen i.d.R. keine Angst, es sei denn, sie haben noch kaum Erfahrung damit. Sie haben eher die unbewußte Angst, beim Ritzen gar nicht mehr zu bluten und damit nicht mehr zu existieren. Im Nachhinein überkommt sie manchmal die Angst, unabsichtlich zu tief geritzt zu haben.

Ritzen als Angstbewältigung

Angst ist der ständige Begleiter der Mädchen. Ritzen kann deshalb auch als Abwehrverhalten interpretiert werden, das die enormen Ängste in Schach halten soll. Abwehr steht vor allem im Dienst der Angstreduktion und soll Schutz- und Bewältigungsaufgaben erfüllen. „Diese Mechanismen werden eingesetzt, um recht unlustvolle Affekte und Gefühle wie Angst, seelischen Schmerz, Schuldgefühle usw., die aus neurotischen Konflikten entstehen, unbewußt zu machen oder unbewußt zu halten. Dadurch ist zwar zunächst eine gewisse Entlastung erreicht, der Konflikt wird jedoch nur pseudogelöst." (Mentzos 1991, S.60). Die Abwehrmechanismen funktionieren auf psychischer Ebene und erweisen sich letztlich als dysfunktional. Das Ritzen ist nun kein Abwehrmechanismus im klassischen Sinn, es ist eher ein Abwehrverhalten, welches ebenfalls nur vorübergehend funktional ist. Das Erspüren der zugrunde liegenden Ängste wäre für die Mädchen ein großer Schritt in der Verarbeitung ihrer Traumata und die Grundlage dafür, auf das Abwehrverhalten Ritzen verzichten zu können.

Ritzen als Suchtverhalten

Der Gedanke, daß Ritzen ein Verhalten ist, das die Mädchen und Frauen nicht unbedingt willentlich steuern oder unterlassen können, wirft die Frage auf, ob es als süchtiges Verhalten zu verstehen ist. In den Interviews habe ich diese Frage allerdings nicht explizit gestellt, weil mir deren Bedeutung nicht bewußt war. Rita aber wies mich darauf hin, daß Sucht und autoaggressives Verhalten möglicherweise gekoppelt sind. Zunächst spricht die Tatsache dafür, daß Mädchen und Frauen, die sich verletzen, häufig auch mit Alkohol, Drogen oder Medikamenten zu tun haben oder hatten. „Spannungszustände werden betäubt durch oral-süchtiges Verhalten. Ein Alkohol-, Medikamenten- oder Drogenabusus gehörte bei allen meinen Patientinnen zum Symptomkomplex. (...) Entweder wird er [der Körper] mit Drogen betäubt, also vergiftet, oder er wird durch Selbstbeschädigung mißhandelt." (Sachsse 1989, S.100). D.h. allerdings nicht zwingend, daß die Selbstdestruktion und der Rauschmittelmißbrauch zeitgleich verlaufen müssen. Die Mädchen ritzen zumindest nicht unter dem unmittelbaren Einfluß von Drogen, denn diese schränken ihre Handlungsfähigkeit massiv ein.

> „Ich kann es mir nicht anders vorstellen, wenn du sowas [das Ritzen] nötig hast oder sowas tust, dann wirst du in anderen Situationen mit Enttäuschungen und Unruhe auch anders umgehen, die werden irgendwas anderes machen."(Rita)

Wenn die Mädchen in Krisensituationen nicht ritzen, ist es wahrscheinlich, daß sie auf andere Verhaltensweisen zurückgreifen, um sich zu beruhigen. Sie sind häufig nicht in der Lage, Konflikte und Krisen auszuhalten, statt dessen sind sie daran gewöhnt, diesen Situationen etwas entgegenzusetzen, um sie abzuschwächen. Andere abhängige Verhaltensweisen sind m.E. nicht notwendig nur auf den Konsum von Alkohol, Drogen und Medikamenten begrenzt; Eßstörungen, häufiges Aufsuchen objektiv gefährlicher Situationen (Unfallsucht), Sucht nach Sex, Fernsehsucht und Abhängigkeit in Beziehungen o.ä. lenken ebenfalls kurzfristig von der akuten seelischen Not ab, so daß sie vorübergehend nicht mehr spürbar ist.

Welches Suchtverständnis liegt nun zu Grunde, wenn Ritzen als süchtiges Verhalten eingereiht wird? Jede Sucht dient dem Zweck, sich gegenüber unerträglichen Gefühlen bestimmter Lebenssituationen unempfindlich zu machen; Sucht ist ein Ausdruck dafür, Zuständen von psychischem Schmerz, Unruhe, Hilflosigkeit, Einsamkeit, Leere, Angst, Resignation, Überforderungen o.ä. nicht ausgesetzt sein zu wollen und weiter noch diese nicht mehr wahrnehmen zu müssen (vgl. Soltau 1988). Süchtiges Verhalten soll immer beruhigen und einen möglichst ausgeglichenen emotionalen Zustand herstellen. Diese Beruhigung ist jedoch nicht nur an die Einnahme legaler oder illegaler Substanzen gebunden, vielmehr kann jedes Verhalten prinzipiell Suchtcharakter annehmen. „Jede Art von Verhalten kann abhängig und süchtig werden, wenn Menschen unter einengenden und unbefriedigenden Lebensbedingungen versuchen, unter allen Umständen und mit allen Mitteln sofortige Befriedigung zu erlangen. Diese zwanghafte Befriedigung setzt aber einen starken Mangel an vielfältigen Erfüllungs- und Lebensmöglichkeiten voraus, der oft gar nicht bewußt wahrgenommen wird." (ebd., S.12). Süchtiges Verhalten ist eine Möglichkeit, die menschlichem Handeln und Erleben grundsätzlich innewohnt und im Alltag weiter verbreitet ist, als in einem eng gefaßten Suchtverständnis angenommen wird. Die Kurzlebigkeit der Befriedigungen und die Ausweitung von Mangelsituationen erfordern immer häufigere Beruhigungsversuche und münden so in den Teufelskreis der Sucht. Entspannung und Ruhe, die das Ritzen verschafft, sind kein Nebeneffekt desselben, sondern genau der Zweck, zu dem es eingesetzt wird. Die schmerzenden Gefühle und Ängste sollen unter Kontrolle gehalten werden, zu dem Preis, daß alle Emotionen verdeckt werden. „Die Erfahrung, daß in den genannten Spannungszuständen eine Selbstverletzung Erleichterung verschafft, führt bald zu einer fast süchtigen Chronifizierung der Symptomhandlung." (Sachsse 1989, S.103). Dabei ist es nicht unbedingt ausschlaggebend, wie häufig ein Mädchen tatsächlich ritzt, sondern es geht um ihre Vorstellung, eine das Selbst bedrohende Situation nicht durchstehen zu können, ohne sich zu schneiden.

Inwiefern trägt aber ein umfassendes Suchtverständnis zu einer klärenden Auseinandersetzung mit dem Phänomen Ritzen bei? Zunächst verweist diese Auffassung von Sucht auf gesellschaftliche Lebensbedingungen, die süchtig und abhängig machen. Diese Bedingungen lassen sich beschreiben als Technisierung und Verbürokratisierung des Alltag, Anonymisierung des Individuums und Reduzierung zwischenmenschlicher Beziehungen, Gewinnorientierung und Leistungsdruck, steigende soziale Unsicherheit und fortschreitende Zerstörung der Lebensressourcen. Diese gesellschaftlichen Entwicklungen sind Ursachen für die Suchtentwicklung. Sie führen bei den einzelnen zwar u.U. zu unterschiedlichen subjektiven Folgen, doch die Benennung sozialer Zustände wirkt einer Vereinzelung bei den nur scheinbar individuellen Problemen entgegen. Ein solches Suchtverständnis begreift das Leiden an gesellschaftlich bedingten Lebensverhältnissen nicht als individuelle Problematik. Sucht ist folglich kein individueller Prozeß. Und genauso möchte ich auch das Ritzen verstanden wissen. Es sind nicht irgendwelche *zufällig* verhaltensauffälligen Mädchen, die ritzen. Sie haben Grund dazu, denn sie haben die Destruktivität und Lebensfeindlichkeit unserer Gesellschaft bis hin zur Bedrohung der eigenen Existenz erlebt.

Der Blick auf gesellschaftliche Zusammenhänge erlaubt zudem eine Betrachtung des Geschlechterverhältnisses und damit der frauenspezifischen Lebensbedingungen. Letztere umfassen sowohl weibliche Sozialisationserfahrungen als auch konkrete Lebensmöglichkeiten, die Mädchen und Frauen in vielfältige alltägliche Abhängigkeitsmuster verstricken. Mädchen werden dazu erzogen, ihren zukünftigen Lebensinhalt auf Beziehungen, Mutterschaft und Familie zu zentrieren und ihre Bedürfnisse entsprechend danach auszurichten. Die Notwendigkeit von Beziehungen ist zwar evident, die Einschränkung von Lebensperspektiven liegt aber in der Tatsache, daß die Beziehungsarbeit allein dem weiblichen Geschlecht übertragen wird. Mädchen und Frauen übernehmen dafür die Verantwortung, auch auf die Gefahr hin, von der Gestalt dieser Beziehungen abhängig zu werden. Zudem lernen sie früh, sich an soziale Normen anzupassen, ohne dabei eine aktive und offene Auseinandersetzungsfähigkeit entwickeln zu können. In der Folge versuchen Frauen deshalb „ihre Konflikte unauffälliger (als Männer, kt) und in einem sozial anerkannten Rahmen zu lösen." (Soltau 1988, S.18). Unauffällige passive Konfliktlösungen legen es nah, Aggressionen eher gegen die eigene Person als gegen andere zu richten. Dadurch bleibt die Lebenssituation aber letztlich unverändert. Weibliche Lebenszusammenhänge, in denen das Selbstwertgefühl hauptsächlich aus der Beziehungsorientierung gespeist und Problemlösungsstrategien vornehmlich gegen das eigene Selbst gerichtet werden, führen zu eingeschränkten Lebensperspektiven und -räumen und zur Abhängigkeit. „Das was Frauen zu Frauen werden läßt, läßt sie auch zu (suchtmittel)abhängigen Frauen werden." (ebd., S.19). Das gilt zwangsläufig auch für Mädchen. Süchtiges Verhalten wie auch Suchtmittelmißbrauch beeinträchtigen die sensible Wahrnehmung der sozialen Realität und der subjektiven Befindlichkeit und fördern die Entpersönlichung. Die eingeübten passiven Bewältigungsformen stehen damit echten Problemlösungen im Weg und verhindern, daß ein befreiender Emanzipationsprozeß in Gang kommt. Befreiung hieße, in sozialer, emotionaler und auch ökonomischer Hinsicht unabhängig zu werden, ohne die Wichtigkeit von Beziehungen unterzubewerten. Emanzipation kann - wenn überhaupt - nur dann erfolgreich sein, wenn sie alle Lebensbereiche von Mädchen und Frauen umfaßt.

Das Verhältnis von Ritzen und Suizid

Im Abschnitt „Gefährlichkeit" deutete ich bereits das Verhältnis von Ritzen und Suizid an. Es zeigte sich, daß fast alle von mir interviewten Expertinnen in der Ansicht einig sind, daß das Ritzen weder eine präsuizidale noch eine suizidale Handlung ist. Es handelt sich eher um eine Art der Lebensäußerung, die zwar ein gewisses Risiko birgt, mit dem die Mädchen aber i.d.R. verantwortungsvoll umgehen. In ihrer beruflichen Praxis empfanden meine Gesprächspartnerinnen das Geschehen letztlich nie als lebensgefährlich.

Die Grenze zwischen Suizid und Ritzen läßt sich eindeutig festlegen: Der Selbstmord führt zur Beendigung des Lebens, Ritzen hingegen nicht. Wie aber kann das Ritzen von Suizidversuchen abgegrenzt werden? Beiden Handlungen ist der demonstrative und appellative Charakter gemeinsam, sie erregen die Aufmerksamkeit anderer und verweisen auf zugrunde liegendes psychisches Leiden und akute Krisensituationen, wenn auch das Ritzen keine bilanzierende Funktion hat. Ebenso sind beide Symptomhandlungen deutlich durch die Autoaggression geprägt. Ein Selbstmordversuch ist nicht zwangsläufig als mißglückter Selbstmord zu werten, er kann von vornherein darauf ausgelegt sein, zu überleben (vgl. Feldmann 1984), wie das Ritzen auch.

Nach klassischer tiefenpsychologischer Auffassung ist der Suizid das letzte Glied in einer Reihe von Selbstaggressionen und Selbstdestruktionen (Dorsch 1987). Manche Mädchen und Frauen, die ritzen, empfinden zumindest phasenweise Todessehnsucht, sie wollen eigentlich nicht leben. Insofern kann die Selbstdestruktion als Symbol für den Suizid gesehen werden, den sie sich gelegentlich wünschen. Eva sieht aus diesem Grund bei einigen Mädchen das Ritzen als Kompromiß:

> „Der Lebenswille ist zwar stärker als der Todeswunsch, aber da ist eine irrsinnige Spannung dazwischen. Ich denke, es ist eine Möglichkeit, mit so ganz argen Todeswünschen und -sehnsüchten umzugehen, so kleine Tode.“(Eva)

In der Arbeit mit den Mädchen findet sie es schwierig mit dieser Spannung umzugehen. Sie löst bei ihr immer wieder die Angst aus, daß das Ritzen doch in eine suizidale Handlung umschlagen könne, obwohl sie nie erlebte, daß Mädchen, die ritzten, sich später suizidieren.

Sachsse (1989) sieht im Ritzen ein „(...) globales Druckventil, durch das Spannungszustände aller Art wirksam, wenn auch nur kurzfristig reduziert werden können. Solche Spannungszustände *können* (herv. von mir, kt) Suizidimpulse sein, die durch ein drohendes oder bereits geschehenes Versagen oder Schuldigwerden minimalen Ausmaßes hervorgerufen werden. Die Symptomhandlung ist dann eine Suizidprophylaxe, eine parasuizidale Handlung.“ (ebd., S.103). Die Spannungszustände, die mit Hilfe der Selbstbeschädigung gelöst werden sollen, sind nur zum Teil Suizidimpulse, Ritzen *kann* als Abwehr von diesen Impulsen fungieren. Innere Spannung im Sinn von drohender Fraktionierung und Selbstauflösung oder auch depressive Leere sind hingegen nicht als Impulse zu interpretieren, die zur Selbsttötung motivieren.

Das Abgrenzungskriterium zwischen Ritzen und Suizidversuchen ist zwar nicht immer eindeutig, aber es ist wie folgt zu benennen: Selbstmordversuche werden i.d.R. durch Suizidimpulse veranlaßt. Beim Ritzen hingegen können Suizidimpulse wirksam sein, der überwiegend motivierende Faktor ist aber das Bedürfnis, sich selbst zu spüren, um zu befürchtende psychotische Zustände abzuwehren und sich in der Realität des Lebens zu halten. Diese selbstunterstützende Funktion der Selbstverletzung ist im Umgang mit den Mädchen meistens deutlich wahrzunehmen. So ist der Tenor der Interviews zu verstehen, der Ritzen als Ausdruck positiven Lebenswillens und im Gegensatz zu suizidalen Handlungen stehend beschreibt. Oder wie Burstow (1992) schreibt: „(...),self-mutilation is not a way of dying (...) self-mutilation is fundamentally a way of living.“ (ebd., S.190). Die Mädchen selbst deklarieren ihre Selbstverletzung im Nachhinein auch nicht als Suizidversuch.

Symbolische Bedeutungen von Blut und Haut

Beim Ritzen wird die Haut als Beschädigungsorgan gewählt, die Schnitte in die Haut verursachen immer mehr oder weniger starke Blutungen. Obwohl es vielfältige andere Formen autoaggressiven Verhaltens gibt, agieren die Mädchen immer in derselben Weise. In der Regel haben sie vom Ritzen nicht gehört und dieses Phänomen auch nicht bei anderen beobachtet, bevor sie selbst beginnen, sich zu verletzen. Was macht das Ritzen so attraktiv? Warum muß es gerade das Ritzen sein? Stehen Blut und Haut als Sinnbilder für Erlebnisqualitäten, die andere Selbstdestruktionen nicht ermöglichen?

Blut

Blut hat einen enorm hohen Symbolwert, der allerdings den Mädchen wohl kaum bewußt sein dürfte. Die sinnbildlichen Bedeutungen von Blut können jedoch dazu beitragen, Aufschluß darüber zu gewinnen, warum die Mädchen gerade auf die Idee kommen, zu ritzen.

Das Blut ist die elementarste Lebensflüssigkeit des menschlichen Körpers, es ist das *Substrat der Lebendigkeit.* Dies gilt nicht nur in physiologischer, sondern vor allem auch in symbolischer Hinsicht. Bei Verletzungen tritt das Blut fließend aus dem Körper hervor. Fließen beschreibt eine Bewegung und wird deshalb mit Leben und Existenz assoziiert. Wo Blut läuft, da lebt es noch. Das Blut hat Körpertemperatur, so daß es auf der Haut als angenehm warm erlebt wird.[18] Wärme versinnbildlicht ebenfalls Leben, im Gegensatz zu einem toten, erkalteten Körper. Diese Bedeutung von Blut scheint im Zusammenhang mit dem Ritzen die wichtigste zu sein. Vor dem Ritzen sind sich die Mädchen ihrer Existenz nicht sicher. Sie fühlen sich nicht lebendig. Das Sichtbarwerden des hervorquellenden Blutes, seine Wärme und die beeindrukkende Farbe vermitteln ihnen während des Ritzens das Gefühl, am Leben zu sein. In diesem Sinn ist der Titel der vorliegenden Untersuchung „Ich blute, also bin ich" zu verstehen.

> „Ein Mädchen hat mir mal gesagt, sie findet das Gefühl so schön, wenn das [Blut] so rausrinnt. Deswegen muß sie ihre Wunden immer wieder aufkratzen, um das Blut rinnen zu sehen."(Eva)

Das Bluten wird von den Mädchen zwar hauptsächlich als angenehm empfunden, aber es ist auch mit Angst besetzt. Blut verkörpert zwar Lebendigsein, aber wenn

---

[18] Vgl. dazu Kafka (1969); Pao (1969); Sachsse (1989) in seinem Artikel mit dem bezeichnenden Titel „Blut tut gut".

man zu viel Blut verliert, verliert man Lebenskraft. Diese Angst erleben die Mädchen dann, wenn sie feststellen, daß sie tiefer als beabsichtigt geritzt haben.

> „(...) wenn es rausfließt, kannst du halt auch sterben, wenn du viel Blut verlierst, also das ist für mich sehr eng mit Blut verbunden, und gerade auch im Bereich der Verletzung berührt es einfach auch das Thema Tod."(Gela)

Unkontrollierbare Verletzungen sind bedrohlich und lassen an die Möglichkeit des Sterbens denken. Insofern spannt Blut den Bogen zwischen Leben und Tod. Tot zu sein heißt u.a. nicht mehr zu bluten. Diese Phantasievorstellung macht Angst.

> „(...) aber auch die Angst davor, gar nicht mehr zu bluten. Also ich denke, Todesangst ist sicher auch dabei. Also stell dir vor, du ritzt dich und da kommt nichts mehr. Das ist, glaube ich, auch eine ganz tiefe Angst dabei."(Susanne)

Dabei geht es wohl weniger um die Angst, durch das Ritzen zu Tode zu kommen, als um die allen Menschen innewohnende angstbesetzte Vorstellung, nicht mehr zu existieren.

Blut ist ein Ausdruck von *Tiefe*. Bis ins tiefste Innere wird der Körper vom Blut durchströmt, von diesem Inneren haben wir gedanklich nur vage Vorstellungen. Das Blut aber schafft die Verbindung zum Innersten unseres Körpers. Auf psychischer Ebene wird Tiefe mit elementarem seelischen Dasein verknüpft, oder wie Rita sagt:

> „Und noch ein Zeichen von tief, weil Blut ist ja wirklich eine der tiefsten Lebenssubstanzen, weil wenn du das nicht mehr hast, dann kannst du nicht leben. Und Blut ist auch Ausdruck von tiefster Seelenexistenz, (...), Blut kennzeichnet ja was auf tieferen Ebenen, von Verbindung auch zu dir selbst."(Rita)

Das eigene Blut zu sehen und zu spüren bedeutet demnach auch, mit sich selbst in Kontakt und in tiefer Verbindung zu stehen. Diese intensive Verbindung wünschen sich die Mädchen, weil sie allzu oft fürchten, das Gefühl für ihr Selbst zu verlieren.

Blut übt auf die Mädchen und Frauen aber auch deshalb eine Faszination aus, weil sein Hervortreten kalkulierbar und - zwar in begrenzter Weise - kontrollierbar ist. Die Mädchen schneiden sich in die Haut und es kommt etwas heraus. Sie tun etwas und daraufhin passiert sofort etwas. Sie können sicher sein, daß ihre Handlung eine sofortige Wirkung nach sich zieht. Dabei sind Ursache und Wirkung eindeutig definiert. Dem Vorgang des Ritzens haftet dadurch, neben dem Gefühls-chaos, eine gewisse Klarheit an.

Hautaufschneiden und die Wunde ausbluten lassen, erinnert an den heute inzwischen relativ ungebräuchlichen Aderlaß (künstliche Eröffnung einer Vene zur Blutentnahme). Diese Methode soll(te) u.a. dazu dienen, Krankhaftes aus dem Körper ausfließen zu lassen. Seine Funktion lag folglich in der Reinigung des Körpers.

„(...), also dieses Bild, was dahinter steht, man tut sich was an oder es wird einem was getan, und dann fließt das raus und dann ist es weg und dann heilt es. (...) ich denke, das ist vielleicht auch so eine Idealvorstellung von ihnen, wie sie glauben, daß ihre Probleme am besten gelöst werden können."(Susanne)

Analog zum Aderlaß kann Ritzen als Versuch einer seelischen Katharsis (gr.: *katharein*: reinigen) verstanden werden. Die Mädchen leiden unter ihren schmerzenden Gefühlen, die mit ihren tragischen Lebenserfahrungen zusammenhängen. Die Verarbeitung dieser Emotionen ist blockiert. Im übertragenen Sinn steht das Öffnen der Haut und das Blutenlassen für die unbewußte Hoffnung, die seelischen Schmerzen und auch die Scham hinsichtlich der eigenen Erfahrungen herauslassen zu können, um damit die Grundlage für die Bewältigung ihrer Erlebnisse zu schaffen. Die Verarbeitung der Erfahrungen ist ein Heilungsprozeß. Gerade sexuell mißbrauchte Mädchen haben häufig damit zu kämpfen, daß sie sich beschmutzt fühlen. In dieser Hinsicht ergibt der Reinigungsaspekt einen besonderen Sinn.

Beim Ritzen können die Mädchen *Inneres als Äußeres erleben*. Sie kommen mit den Gefühlen in ihnen nicht zurecht und können diese nicht zeigen. Das Blut tritt nun aus ihrem Körperinneren hervor, Bluten bedeutet insofern auch Offenmachen von Innerem. Symbolisch gesehen können die Mädchen über das Medium Blut ihre inneren psychischen Verletzungen nach außen hin demonstrieren und für andere sichtbar machen. Die Wunde ermöglicht eine Sicht nach Innen (vgl. Simpson 1975).

Blut kann als Symbol für *Weiblichkeit* aufgefaßt werden. Das Bluten während der Menstruation und beim Gebären sind existentielle Körpererfahrungen von Frauen, die eine Verbindung zur Sexualität nahelegen. Damit eröffnet sich die Assoziationskette von Blut und Leidenschaft, Intensität, Grenzenlosigkeit (Sexualität) und Schmerzen (Menstruation, Geburtsvorgang). Mädchen beginnen meistens in der Pubertät zu ritzen, zeitgleich mit der einsetzenden Menstruation. Wie bereits beschrieben, ist der Umgang mit ihrem Menstrualblut für sie problematisch. Im Gegensatz dazu ist das Bluten beim Ritzen weniger scham- und angstbesetzt, sie verbinden damit gedanklich nicht die Vorstellung der Unreinheit.

Das Blut beim Ritzen weist eine *Entsprechung zu Tränen* auf. Die Mädchen können ihre bedrohlichen Gefühle nicht zulassen und deswegen nicht darüber weinen. So kann das Blut als Ausdruck nicht geweinter Tränen, wenn auch auf brutale Weise, interpretiert werden. Die Analogie erfolgt einerseits über das Fließen: Die Tränen können nicht mehr fließen, das Blut schon. Andererseits sind Tränen Tropfen, ebenso wie Blut tropfenweise aus dem Körper hervorquellen kann. Anja berichtet speziell von einem Mädchen und einer Frau, die ritzten. Beide malten während dieser Zeit Bilder.

„Und auf ihren Bildern waren sehr häufig tränende Augen zu sehen und sehr häufig rote Tränen, sprich Blutstropfen." und „(...), die ganze Wand war ein einziges Gemälde, und da haben sich auch diese Zeichnungen von Blut und Tränen total durchgezogen. Und das ist die Symbolik, die ich darin sehe."(Anja)

Es zeigt sich, daß dem Blut und dem Bluten vielfältige Bedeutungen beigemessen werden, die überwiegend kulturell geprägt sind. Dem Blut haftet etwas Magisches an, es ist ein Faszinosum. Die Blutsbrüderschaft soll z.B. eine unauflösbare Freundschaft besiegeln, Blutsverwandtschaft impliziert Zusammengehörigkeit. Beide Begriffe stehen für verbindende Nähe.

Ebenso ist die Blutsymbolik in Mythologien und Religionen verankert. Blutopfer werden als ursprünglich menschliche Rituale überliefert. Diese sollten dazu dienen, Götter gnädig zu stimmen. Sie vermitteln uns den Eindruck des Archaischen, des Urzeitlichen. Der Mythos des Opfers[19] hat einen Bezug zum Ritzen. Die Mädchen sehen sich als Opfer ihrer Verhältnisse - was sie zweifelsohne auch sind. Während der Selbstverletzung werden sie allerdings zu Täterinnen. Dabei fällt es ihnen schwer, ihren aktiv handelnden Anteil zu erkennen, es liegt ihnen näher, in der Opferposition zu verharren.

In der christlichen Lehre wird das Blut Christi mit Sühne und Vergebung von Sünden verbunden. Dabei nimmt Jesus die Schuld der Welt auf sich. Wie an anderer Stelle bereits erwähnt, werden Mädchen und Frauen, die Gewalt erlitten haben, von (für Außenstehende oft unverständlichen) Schuldgefühlen verfolgt. Gerade sexuell mißbrauchte Mädchen nehmen teilweise die Schuld für das Geschehen auf sich. Schuld motiviert u.a. zur Reue und zu sozialen Handlungen. Ritzen ist nun ein Verhalten mit hohem sozialen Bedeutungsgehalt, das im Sinn einer Selbstbestrafung unbewußt dem Versuch gelten könnte, sich von Schuld zu befreien. Die Gemeinsamkeit von mythischen Opfern und christlicher Sühne liegt darin, daß sie den Weg für ein erträgliches Leben ebnen sollen. Blut wird dabei wieder indirekt mit Leben verknüpft.

Haut

Die Haut ist das größte und sensitivste Organ des menschlichen Körpers. Physiologisch gesehen besteht ihre Hauptaufgabe in der schützenden Abgrenzung gegen die Umwelt (Schutz vor Wärmeverlust, Überhitzung, mechanischer Beanspruchung, Strahlen und Bakterien). Eine zumindest weitgehend intakte Haut ist eine der Grundvorraussetzungen menschlichen Lebens. Neben der physiologischen Funktion steht sie vor allem aber im Dienst der Kommunikation und hat symbolische Bedeutung. Nach Borellis (1967) Einteilung ist die Haut als Grenz-, Kontakt-, Ausdrucks- und Eindrucksorgan begreifen.

[19] Vgl. zu Opfermythen Kohn-Waechter (1991).

Grenzorgan

Die Haut vermittelt psychisch die Abgrenzung zwischen Subjekt und Objekt. Das Erkennen dieser Trennung ist bereits beim kindlichen Individuations- und Ablösungsprozeß von der Mutter von entscheidender Bedeutung. Hautsinneseindrücke aktivieren ein Ich-Identitätsgefühl. Berührungen werden vom Individuum folglich als sensorische Erfahrungen des eigenen Ichs wahrgenommen und verarbeitet.

> „Die Haut ist die Grenze, die zwischen innen und außen besteht, oder die Grenze, die am spürbarsten ist. Ich denke, daß es mit so ganz frühen körperlichen oder sinnlichen Erfahrungen zu tun hat, daß die [Mädchen] gerade als Beschädigungsorgan sich die Haut nehmen."(Eva)

Unabhängig davon, ob es sich um frühe oder vielleicht auch spätere Erfahrungen handelt, sind beim Ritzen die Themen Grenze und Grenzverletzung immer wieder relevant. Ritzen ist, wie gezeigt, ein Versuch, sich selbst zu spüren. In diesem Sinn heißt spüren eigentlich Grenzen zu erspüren, um zu einer deutlichen Ich-Wahrnehmung zu gelangen. Oder wie Gela beschreibt:

> „Ich glaube, daß die Mädchen sich überhaupt spüren wollen, (...), dann geht es für mich auch um eine Grenze, (...), 'wo bin ich, wo fange ich an, wo höre ich auf'."(Gela)

Während des Ritzens hilft das Bestimmen der eigenen Grenzen (i.S.v. Identität) dabei, Auflösungsphantasien zu relativieren.

Das Ritzen der Haut ist gleichzeitig eine sich selbst zugefügte Verletzung der eigenen Grenze, die auf gewaltsame Weise erfolgt. Die Grenzverletzung ist ein den Mädchen bekanntes Muster von früher. Bei den Gewalterlebnissen wurden ihre körperlichen und psychischen Grenzen nicht respektiert sondern systematisch übergangen, wobei das Gefühl der Grenzverletzung vermutlich diffus war. Was die Mädchen ehedem als unerträgliche Qual empfanden, wiederholen sie nun selbst in anderer, konkreter Form. Dabei kann es erleichternd sein, das diffuse Gefühl in konkretes Erleben zu verwandeln. In jedem Fall läßt sich aber bei der Autoaggression von einer Aktualisierung der früheren Erfahrung sprechen. Ich gehe deshalb mit Plassmann (1987) und Sachsse (1989) konform, die die Selbstverletzung als Neuinszenierung der Kindesmißhandlung fassen.

Im symbolischen Sinn beinhaltet die Selbstverletzung noch eine anderen Aspekt von Grenzverletzung. Die Mädchen agieren auf eine Weise, die die Grenze des üblichen Umgangs mit dem eigenen Körper überschreitet.

Kontaktorgan

Die Haut verkörpert die Kontaktzone zur Umwelt, sie ist das Kommunikationsorgan des Körpers. Sowohl in der frühesten Mutter-Kind-Beziehung als auch in den Bereichen Sexualität, Erotik und Zärtlichkeit steht der Haut- und Körperkontakt im Zentrum des Erlebens. Mertens (1992) charakterisiert das sinnlich-körperliche Erleben in der psychosexuellen Entwicklung des ersten Lebensjahres als Erfahrungen, die vorwiegend über den Mund, die Tiefensensibilität und die Haut vermittelt werden. Er betont vor allem die Wichtigkeit des Hautkontakts für Säuglinge und Kleinkinder. „Der Hautkontakt zwischen Mutter und Kind läßt noch einmal die embryonale Geborgenheit neu erstehen, beruhigt es, verschafft ihm Wohlbehagen und Lust. Die Haut übermittelt Berührungen, Geschmack, Geruch und Wärme. Sie grenzt ab, hüllt ein. Und schließlich ist sie das wichtigste Medium für nonverbale Kommunikation von Affekten wie Liebe, Furcht, Haß, Ekel und anderen." (ebd., S.56). Berührungen der Haut stellen zwischen zwei Menschen Nähe her. Diese können als angenehmes Gefühl von Wohlbehagen empfunden werden, das an die frühen Erfahrungen von Gehalten- und Aufgehobensein erinnert. Die über Berührungen entstehende Nähe kann aber ebenso als bedrängend, ängstigend und verletzend aufgefaßt werden.

> „Also die Erfahrung, die ein Säugling macht, von Gehalten- und Geborgensein, die geht ja zum größten Teil auch über die Haut, Blickkontakt und Haut. Und ich denke, daß die Mädchen da unzureichende Erfahrungen gemacht haben. Hautkontakt als was Positives, als was Gutes, das haben sie nicht erlebt."(Eva)

Die sinnliche Erfahrung der Geborgenheit ist die Grundlage dafür, Vertrauen in andere Menschen setzen zu können. Ungenügende Erfahrungen in den ersten Lebensjahren können verhindern, daß Kinder die Fähigkeit zu einem vertrauensvollen Bezug zur Welt entwickeln. Genauso ist denkbar, daß die früh erworbene Fähigkeit nachträglich in späteren Jahren grundlegend durch Gewalterfahrungen zerstört wird.

Die Haut fungiert als Ort, an dem der existentielle Austausch mit der Umwelt stattfindet. Dabei verlaufen die Wahrnehmungen immer in zwei Richtungen: Berühren und Berührtwerden. Das rein körperliche Berührtwerden bildet die Grundlage für ein emotionales Berührt- oder Angerührtsein. An dieser Stelle wird die Beziehung zwischen Haut und Gefühlen klar, wie auch später noch zu zeigen ist.

Beim Ritzen berühren sich die Mädchen auf extreme Art. Diese mechanische Berührung ist die Reaktion auf ihr emotionales Berührtsein in Form von seelischer Bedrohung und Verletzung. Denn Ritzen stellt den verzweifelten Versuch dar, das psychische Leiden zu bewältigen. Das konkrete Medium des Verarbeitungsversuchs ist die Haut.

„[Die Haut ist] das Kontaktorgan, das sind auch immer diese Kontaktgeschichten, sowohl die Konflikte mit anderen als auch daß es im Kontakt häufig eine Bedeutung, (...), erlangt. (...). Es wird ja darüber auch wieder Kontakt hergestellt."(Anja)

Wie ich bereits darstellte, ist der Kontaktaspekt bei der Selbstverletzung in verschiedener Hinsicht relevant: Bestehende Kontakte können dadurch verändert werden, wenn andere z.B. Mitleid haben oder sich abgestoßen fühlen. Über die Hautverletzung können die Mädchen Kontakt herstellen, denn es kümmert sich anschließend jemand um sie, bei der Versorgung der Wunden kommt es zu direkten Hautkontakten. Und nicht zuletzt versuchen die Mädchen, mit sich selbst mehr in Kontakt zu kommen.

Insgesamt haben die Mädchen enorme Schwierigkeiten im Kontakt zu anderen. Beziehungen herzustellen wird für sie manchmal zur unlösbaren Aufgabe. Insofern leuchtet unmittelbar ein, daß die Haut als Austragungsort für die Konflikte am besten geeignet ist.

Ausdrucks- und Eindrucksorgan

Die Haut gilt als Medium, das Affekte, Emotionen und Stimmungen ausdrückt. Schamröte, Erblassen vor Schreck und Angstschweiß sind Beispiele für physiologische Hautreaktionen auf emotionale Zustände; sie belegen eindrucksvoll die enge Beziehung zwischen Haut und Psyche. Experimentell betrachtet bewirken Emotionen meßbare elektrische Potentialveränderungen der Haut.

Die Hautverletzung beim Ritzen bringt ebenfalls Emotionen zum Ausdruck, allerdings nicht in physiologischer Form. Die Wunden verweisen auf Trauer, Wut und Aggressionen, die Haut wird zum Spiegel der gequälten Seele.

Außenstehende sehen die Haut unter ästhetischen Kriterien. Sie hinterläßt beim Betrachten sofort einen Eindruck. Der Anblick von Haut ist schön, wenn diese glatt weich und nicht zu blaß ist. Von ihrer Beschaffenheit wird auf die Gesundheit und das Wohlbefinden der Person geschlossen. Die verritzte, vernarbte Haut genügt diesen Kriterien nicht, sie läßt Probleme, Gefühlsausbrüche und Unbehagen vermuten, und ist damit Vermittler der psychischen Verfassung.

An Hand der abschirmenden, kommunikativen und symbolischen Funktionen der Haut kann die Bedeutung der Haut beim Ritzen herausgearbeitet werden. Es zeigt sich dabei, daß die Haut direkt und indirekt in Beziehung steht zu den gewaltsamen Erfahrungen und der psychischen Befindlichkeit der Mädchen. Umgangssprachlich formuliert handelte es sich dabei um Erfahrungen, die „unter die Haut gehen"; sie bewirken, daß sich die Mädchen „in ihrer eigenen Haut nicht wohlfühlen" und manchmal „aus der Haut fahren" möchten.

Nachwort

Es wurde gezeigt, daß Ritzen ein typisch weibliches Verhalten ist, das sich vornehmlich im Jugendalter manifestiert, wobei Umfang, Tiefe und individuelle Häufigkeit variieren können. Als Erfahrungshintergründe wurden verschiedene Formen von Gewalterfahrungen skizziert. Die Mädchen spalten ihren Körper ab und haben häufig keinen Zugang zu ihren Gefühlen, insofern kann das Ritzen als Versuch verstanden werden, dissoziierte und depersonalisierte Zustände abzuwehren. Die Abspaltung des Körpers stützt einerseits das Selbst, andererseits wird sie zur eigentlichen Bedrohung der Existenz, so daß das Ritzen als Kompromißbildung charakterisiert werden kann, bei der das Schneiden der Haut eine Wahrnehmung des Körpers ermöglicht. In diesem Sinn erscheint das Ritzen als vorrübergehend verantwortlicher und selbstfürsorglicher Problemlösungsversuch, der auf Dauer gesehen aber dysfunktional ist. Der Umgang mit Frustration und Aggression, aber auch die Entwicklung einer abgegrenzten Identität und Beziehungsschwierigkeiten sind dabei zentrale Problembereiche. In diesem Kontext wird das Wechselspiel zwischen Identität und Beziehung deutlich.

Das Ritzen ist eine soziale Handlung, die Beziehungen beeinflußt. Beziehungsschwierigkeiten im Sinn von Konflikten hinsichtlich Nähe und Distanz aber auch Autonomie und Abhängigkeit kann durch die Selbstverletzung aus dem Weg gegangen werden. In diesem Zusammenhang fungiert der Körper als Ausdrucksmittel für Gefühle und Wünsche und dokumentiert gleichzeitig das psychische Leiden der Mädchen. Ritzen kann als indirekte Form von sozialem Widerstand interpretiert werden, der sich sowohl gegen die individuellen, leidvollen Erfahrungen als auch gegen die gesellschaftliche, patriarchal geformte Determinierung hinsichtlich Schönheit und Weiblichkeit richtet. Dabei wurde besonders die Pubertät als konfliktreiche Zeit dargestellt, die durch persönliche und soziale Spannungen und Widersprüche gekennzeichnet ist.

Ritzen ist ein süchtiges Verhalten, das immer wieder den Versuch darstellt, mit schwierigen und angstauslösenden Situationen umzugehen. Im Gegensatz zum Suizid ist das Ritzen eine Form der Lebensäußerung, bei der sich die Mädchen und jungen Frauen aktiv für sich selbst einsetzen. Die Ausführungen über die Haut und das Blut zeigten, daß sich gerade das Ritzen als spezielle Form der Autoaggressivität anbietet, um auf bestimmte Problemkonstellationen zu reagieren.

In der Auseinandersetzung mit dem Phänomen Ritzen kristallisierte sich heraus, daß es ein Verhalten ist, bei dem widersprüchliche Aspekte wirksam sind:

- es ist ein abstoßendes und schockierendes Verhalten, über das gleichzeitig Kontakt hergestellt wird und das in einer bestehenden Beziehung verbindenden Charakter erhalten kann
- die Mädchen haben ein distanziertes Verhältnis zum eigenen Körper; er wird massiv abgewertet und ist zugleich das wichtigste Ausdrucksmittel

- im Ritzen zeigt sich einerseits der Wunsch, sich selbst zu spüren, andererseits wollen die Mädchen ihre schmerzlichen Gefühle nicht spüren
- die Mädchen fühlen sich als Opfer, obwohl sie bei der Selbstverletzung eindeutig Täterinnen sind
- Ritzen ist ein impulsives Verhalten, das aber eine bewußte Vorbereitung erfordert
- die Mädchen haben enorme Schwierigkeiten mit ihrem Blut während der Periode, beim Ritzen erleben sie das Blut aber als angenehm und wohltuend
- die Mädchen verweigern sich gesellschaftlichen Schönheitsvorgaben und streben diesen gleichzeitig nach.

Die scheinbar widersprüchlichen Aspekte des Ritzens wurden aus verschiedenen Blickwinkeln erklärt, sie lassen sich nicht in ein einheitliches Theoriegebäude integrieren. Die kontroversen Aspekte spiegeln vielmehr die widersprüchlichen Lebensbedingungen der Mädchen wider, die sich auf individueller und gesellschaftlicher Ebene konstituieren. Die Mädchen und jungen Frauen spüren diese Widersprüchlichkeit, auch wenn sie sie nicht bewußt wahrnehmen. In dieser Hinsicht kann das Ritzen letztlich auch als ein vorübergehender Versuch gesehen werden, mit sich widersprechenden Lebenssituationen umzugehen, indem über die Autoaggression die Spannung der Widersprüchlichkeit gelöst werden soll. Eine tatsächliche Auflösung der Widersprüche wäre aufgrund gesellschaftlicher Vorgaben im aktuellen Lebenszusammenhang entweder unmöglich oder sie würde eine starke psychische Belastung bedeuten, der die Mädchen nicht standhalten könnten. Im Ritzen vereinigen sich aktive und passive Anteile, die darauf hinweisen, daß die Mädchen weder vollständig durch die sozialen Verhältnisse determiniert sind, noch daß sie von den Machtstrukturen dieser Lebensverhältnisse unabhängig sind.

Fazit

Ritzen ist ein kompliziertes Geschehen, das soziale Kontakte beeinflußt. Dies gilt auch für die therapeutische Beziehung. In der Gegenübertragung kann ein Mädchen mit ihrer Selbstverletzung widersprüchliche Gefühle wie Mitleid, Angst, Wut, aber auch Fassungslosigkeit und Unverständnis auslösen. Ein Arbeitsansatz, der die individuelle Not zu verstehen und den gesellschaftlichen Kontext einzubeziehen sucht, ist die notwendige Grundlage für eine sogenannte tragfähige Beziehung. Die Aufgabe von PädagogInnen, PsychologInnen und TherapeutInnen ist es, dabei behilflich zu sein, Worte und Konzepte zu finden, die ein Mädchen mit ihrem Selbstbild vereinbaren kann und die die ganz individuelle Bedeutung des Verhaltens entschlüsseln. Gleichzeitig gilt es, ritzende Mädchen und Frauen als vergesellschaftete Wesen zu denken, deren Sozialisationsgeschichte in unserer abendländischen Kultur sie gerade zu diesem Verhalten gebracht hat. Sie haben in ihrem weiblichen Lebenszusammenhang Unterdrückung und Ausgrenzung im Sinn einer Traumatisierung erfahren. Im Beziehungsgeschehen erfolgt für die Betreffende immer dann eine Retraumatisierung, wenn Ausgrenzungs- und Unterdrückungsstrukturen bedient werden: Dies ist z.B. der Fall, wenn ihr Verhalten lediglich als Symptom einer komplexen Diagnose verstanden wird oder sie gezwungen wird, sich nicht mehr selbst zu verletzen. Um Retraumatisierungen zu vermeiden, sind ExpertInnen gefordert, gesellschaftliche Herrschafts- und Machtverhältnisse zu überdenken und neue Begrifflichkeiten jenseits von Ausgrenzung und Unterdrückung zu entwerfen, die diese Verhältnisse überwinden können.

Erst wenn ein Mädchen mit ihrer speziellen Form der Autoaggression nicht nur toleriert, sondern umfassend akzeptiert und ernst genommen wird, kann sie langsam beginnen, ihr selbstverletzendes Verhalten bewußt wahrzunehemen und sich mit dessen Bedeutung auseinanderzusetzen. In diesem Prozeß kann sie überhaupt erst versuchen, weniger oft oder stark zu ritzen und langfristig diese Überlebensstrategie durch eine konstruktive Form der Selbstfürsorge zu ersetzen. Welche das sein wird, kann letztlich nur die Betreffende selbst entscheiden.

Für ExpertInnen bedeutet ein akzeptierender Arbeitsansatz, die eigenen Standpunkte immer wieder neu zu reflektieren. Dazu gehört auch die Erkenntnis, daß weder Medizin, Psychologie noch Therapie in der Anfangsphase im Kontakt mit sich ritzenden Mädchen und Frauen einen adäquaten Ersatz für die Selbstverletzung zu bieten haben. In diesem Zusammenhang heißt Ernstnehmen, dem Mädchen ihr selbstverletzendes Verhalten so lange wie nötig ohne Vorbehalt zuzugestehen und die eigenen Gegenübertragungsgefühle auszuhalten. Ein verständnisorientierter Zugang ermöglicht auch, diese Gefühle in der Beziehung zu dem Mädchen kommunizierbar zu machen. Die Möglichkeit zur Offenheit kann damit für beide Seiten entlastend sein.

Ritzen kann aber je nach Tiefe und Umfang bei den ExpertInnen auch an die Grenzen des Erträglichen gehen. Bei einer massiven Selbstverletzung agieren zu müssen, kann einzelne MitarbeiterInnen in Wohngruppen und Kliniken emotional überfordern oder Kapazitäten eines gesamten Teams überschreiten. Eine wohlwollende, akzeptierend-parteiliche Arbeitshaltung schützt nicht selbstverständlich vor eigener Überforderung. Ritzen ist ein Verhalten, bei dem es in jeder Hinsicht um Grenzen geht: Mädchen und junge Frauen spüren während des Ritzens ihre Grenzen, nachdem sie vorher fürchten, selbst zu verschwimmen. Im Umgang mit ihnen kommen im psychosozialen Bereich Tätige immer wieder an die eigenen Grenzen, mit denen sie sich auseinandersetzen und für deren Einhaltung sie eigenverantwortlich sorgen müssen.

Ausklang

Mädchen, die sich selbst schneiden, erzählen eine Geschichte. Es ist die Geschichte ihrer Kindheit und Jugend. Sie sprechen mit ihrem Körper, weil ihnen die Worte fehlen oder Angst machen. Doch solange die Mädchen sich über ihrem Körper ausdrücken, werden sie ihre Erfahrungen nicht verarbeiten können. Sie werden immer wieder dieselbe Geschichte erzählen. Die Mädchen müssen versuchen, ihre Sprachlosigkeit zu überwinden und Worte zu finden.

Würde ihre Geschichte in Worte übersetzt, so würde sie zu einer Anklage gegen die Lebensbedingungen, unter denen Mädchen aufwachsen. Sie wäre ein Zeugnis dessen, wie Mädchen in einer patriarchalen Gesellschaft abgewertet, mißachtet und verletzt werden. Als junge Frauen müssen sie lernen, mit Worten zu sprechen, laut zu werden und zu schreien, wenn es sein muß. Sonst werden sie nie gehört werden. Und sie müssen lernen, sich Freiräume zu erobern, in denen sie leben und nicht nur überleben können. Nur dann können sie neues Vertrauen in ihr Leben fassen. Dafür brauchen sie Sicherheit, Unterstützung und schützende Geborgenheit.

Sie brauchen die Unterstützung von Frauen, die wissen, was es heißt in einer Gesellschaft zu leben, in der das weibliche Geschlecht nicht ernstgenommen wird. Sie brauchen Frauen, die ihnen Nischen zeigen, in denen ein selbstbestimmteres Leben möglich ist. Sie brauchen Frauen, die Vorbilder sein können im Umgang mit den eigenen Aggressionen. Und sie benötigen die Unterstützung von Männern, die einfühlsam bereit sind, die Stimme von Frauen zu hören, zu verstehen, zu akzeptieren, darauf einzugehen und ihr Wichtigkeit zu verleihen.

Die größte Unterstützung kann ihnen ihre verlorene Kindheit nicht zurückgeben. Aber sie kann dabei helfen, aktiv zu werden und als Frau für sich Rechte einzufordern, neue Lebensräume zu suchen, die eigenen Bedürfnisse ernst zu nehmen und sich dafür einzusetzen. Erst dann werden die jungen Frauen nicht mehr gegen sich, sondern erfolgreich für sich kämpfen.

Dank

Ich möchte allen Interviewpartnerinnen herzlichst dafür danken, daß sie sich die Zeit nahmen, mit mir die Gespräche zu führen. Ohne sie hätte die vorliegende Untersuchung nicht entstehen können. Ihr spontanes Interesse am Thema freute mich sehr und ihre Kooperativität und Auseinandersetzungsbereitschaft waren wichtige Erfahrungen für mich.

Mein besonderer Dank gilt Dr. Klaus Weber, Vera Stocker, Armin Zemann, Christiane Caspary, Susanne Schauer, Markus Fellner, Georg Ecker, Dr. phil. habil. Helga Bilden, Brigitte Teuber und Prof. Heinrich Teuber, die alle auf ihre Weise ganz erheblich zum Entstehen dieser Arbeit beigetragen haben.

Anhang

Interviewleitfaden

In welcher Form hast Du Ritzen bei Mädchen und Frauen erlebt?
Was hat dieses Verhalten bei Dir ausgelöst?

1 Aktuelle Auslöser
Gehen dem Ritzen bestimmte Situationen voraus?
- Sind es Situationen, die einen Verlust darstellen, eine realen oder einen phantasierten?
- Sind es Situationen, die mit Gefühlen von Abhängigkeit, Machtlosigkeit, Hilflosigkeit und Ausgeliefertsein einhergehen?
- Kannst Du Dir noch andere Situationen vorstellen?

Kannst Du Dir Situationen vorstellen, in oder nach denen ein Mädchen/eine Frau zum ersten Mal ritzt?

2 Selbstverletzungssituation
Haben Dir Mädchen/Frauen beschrieben, wie sie sich vor, während und nach dem Ritzen fühlen?
- Ist diese Selbstverletzung ein bewußter Akt? (Selbstkontrolle)
- Geht ein Gefühl der Selbstentfremdung damit einher, in denen sich die Mädchen/Frauen passiv fühlen?
- Besteht ein Gefühl der Spaltung zwischen Körper und Selbst?
- Welche Gefühle treten nach dieser Form der Selbstverletzung auf?
    - Euphorische Gefühle?
    - Erleichterung?
    - Ruhe?
    - Scham und Demütigung?
- Können die Mädchen/Frauen Verantwortung für ihre Selbstverletzung übernehmen?

3 Körper
Welchen Bezug haben Deiner Meinung nach die Mädchen/Frauen zu ihrem Körper?
- Welches Körpergefühl haben sie?
- Haben sie das Gefühl in einem Körper zu leben, der zu ihnen gehört?
- Wird der eigene Körper als Objekt behandelt?
- Spüren die Mädchen/Frauen Schmerzen, wenn sie sich selbst schneiden?

4 Intention

Hast Du den Eindruck, daß das Mädchen/die Frau in der konkreten Situation etwas Bestimmtes erreichen will?
Will sie einer konkreten Situation ausweichen?
Will sie Aufmerksamkeit auf sich ziehen?
Will sie Anforderungen an sich selbst vermeiden?

- Kannst Du Dir noch andere Möglichkeiten vorstellen?

5 Motivation

Welche unbewußten Motive siehst Du hinter diesem selbstverletzendem Verhalten?

- Sollen die Wunden Leiden ausdrücken?
- Verringert das Ritzen den Leidensdruck?
- Ist diese Selbstverletzung eine Form der Selbstbestrafung?
- Steht hinter diesem Verhalten der Wunsch, sich selbst zu spüren?

6 Psychodynamik

Welche psychischen Vorgänge, auch unbewußte, siehst Du hinter dem Ritzen?

- Hat das Ritzen eine symbolische Bedeutung?
- Hat Blut/Bluten eine symbolische Bedeutung?
    - Fließt Blut in Analogie zu Tränen?
    - Wird beim Bluten Inneres als Äußeres erlebt?
    - Bedeutet Fließen Leben?
- Glaubst Du, daß die Mädchen oder Frauen mit Blut eine Bedeutung verknüpfen?
- Könnte das Ritzen eine Überlebensstrategie sein?
- Siehst Du einen Zusammenhang zwischen Mißbrauchs- und/oder Mißhandlungserfahrungen und dieser speziellen Form der Selbstverletzung?
- Wird beim Ritzen die Mißbrauchssituation aktualisiert?
- Ist Ritzen ein verzweifelter Versuch, Verletzungen des eigenen Selbstwertgefühls wiedergutzumachen?
- Werden Haß, Wut und Verzweiflung gegen das eigene Selbst gerichtet? (Verbindung zu Suizid)
- Stellt diese Form der Selbstverletzung den Versuch dar, das Selbst körperlich zu spüren?
- Welche Rolle spielt Angst beim Ritzen?
- Warum schneiden sich manche Mädchen/Frauen selbst, die sexuell mißbraucht oder mißhandelt worden sind, andere mit ähnlichen Erfahrungen aber nicht?

Literatur

Bandura, Albert (1977). Self efficiancy: toward a unifying theory of behavioral change. In: Psychological Review 84. S.191-215.

Bass, Ellen/Davis, Laura (1991). Trotz allem. Wege zur Selbstheilung für sexuell mißbrauchte Frauen. Berlin.

Becker-Schmidt, Regina/Bilden, Helga (1991). Impulse für die qualitative Sozialforschung aus der Frauenforschung. In: Flick, Uwe (Hg.): Handbuch Qualitative Sozialforschung. München.

Benjamin, Jessica (1993). Die Fesseln der Liebe. Psychoanalyse, Feminismus und das Problem der Macht. Frankfurt a.M..

Bilden, Helga (1994). Feministische Perspektiven in der Sozialpsychologie am Beispiel der Bulimie. In: Keupp, Heiner (Hg.): Zugänge zum Subjekt. Perspektiven einer reflexiven Sozialpsychologie. Frankfurt a.M.

Borelli, Siegfried (1967). Psyche und Haut. In: Jadassohn, J., Handbuch der Haut- und Geschlechtskrankheiten. Bd.8. New York.

Burstow, Bonny (1992). Radical Feminist Therapy. Working In The Context Of Violence. Newbury Park, London, Neu-Dehli.

Chodorow, Nancy (1985). Das Erbe der Mütter. Psychoanalyse und Soziologie der Geschlechter. München.

Condrau, Gion/Schipperges, Heinrich (1993). Unsere Haut, Spiegel der Seele, Verbindung der Welt. Zürich.

DIE ZEIT, Nr.26 (1990). Ich lebe nicht. Interview mit Elfriede Jelinek.

Dogs, Wilfried (1989). Ich kontra mich. Das Geheimnis der Autoaggression im Menschen. Duisburg.

Dorsch, Friedrich (1987). Psychologisches Wörterbuch. Bern. (11.,ergänzte Auflage).

Eckhardt, Annegret (1994). Im Krieg mit dem Körper. Autoaggression als Krankheit. Reinbek bei Hamburg.

Eisenhofer, Stefan (1997). Afrika: Reichtum der Formen - Kraft der Farben. In: Gröning, Karl (Hg.): Geschmückte Haut. Eine Kulturgeschichte der Körperkunst. München.

Esser, Hildegard/Bohlmann, Birgit (1993). Gedanken zu Macht und Wut. In: Schneider, Doris/Tergeist, Gabriele (Hginnen.): Spinnt die Frau? Bonn.

Frankfurter Rundschau (1997). Farben sollen Unheil fernhalten. Tattoos international. Nr.132, S.18.

Freytag, Gabriele (1992). Grundlagen der feministischen Therapie. In: Bilden, Helga (Hgin.): Das Frauentherapie Handbuch. München.

Freytag, Gabriele (1992). Der weibliche Körper. In: Bilden, Helga (Hgin.): Das Frauentherapie Handbuch. München.

Geissler, Christian (1996). Anfrage. Hamburg.

Gilligan, Carol (1984). Die andere Stimme. München.

Habermehl, Anke (1989). Gewalt in der Familie: Ausmaß und Ursachen körperlicher Gewalt. Bielefeld, Hamburg.

Harding, Sandra (1990). Feministische Wissenschaftstheorie. Zum Verhältnis von Wissenschaft und sozialem Geschlecht. Hamburg.

Haug, Frigga (Hgin.) (1988). Frauenformen 2. Sexualisierung der Körper. Hamburg.

Haug, Frigga/Hauser, Kornelia (1988). Probleme mit weiblicher Identität. In: Haug, Frigga/Hauser, Kornelia (Hginnen): Subjekt Frau. Kritische Psychologie der Frauen. Bd.1. Berlin, Hamburg.

Hirsch, Mathias (1987). Realer Inzest - Psychodynamik des sexuellen Mißbrauchs in der Familie. Heidelberg.

Hirsch, Mathias (1989). Der eigene Körper als Übergangsobjekt. In: Hirsch, Mathias (Hg.): Der eigene Körper als Objekt. Zur Psychodynamik selbstdestruktiven Körperagierens. Berlin, Heidelberg, New York.

Honig, Michael-Sebastian (Hg.) (1982). Kindesmißhandlung. München.

Honig, Michael-Sebastian (1986). Verhäuslichte Gewalt: sozialer Konflikt, wissenschaftliche Konstrukte, Alltagswissen, Handlungssituationen; eine Explorativstudie über Gewalthandeln von Familien. Frankfurt a.M.

Hug, Brigitta (1989). Die Bedeutung der Menstruation für die weibliche Adoleszenz. In: Camenzid, Elisabeth/Von den Steinen, Ulfa (Hginnen.): Frauen verlassen die Couch. Feministische Psychotherapie. Zürich.

Initiative Münchner Mädchenarbeit e.V. (Hgin.) (1993). Nicht mit uns. Texte und Bilder aus den Selbsthilfegruppen für Mädchen und junge Frauen, die sexuell mißbraucht wurden. München.

Jansen, Birgit/Nemitz, Barbara (1986). Frauenleid und Frauenleiden. Zur Pathologisierung von Frauenkörpern. In: Haug, Frigga/Hauser, Kornelia (Hginnen.): Der Widerspenstigen Lähmung. Kritische Psychologie der Frauen. Bd.2. Berlin.

Jantzen, Wolfgang (1980). Menschliche Entwicklung, allgemeine Therapie und allgemeine Pädagogik. Solms-Oberbiel.

Jantzen, Wolfgang/Von Salzen, Wolfgang (1986). Autoaggressivität und selbstverletzendes Verhalten. Pathogenese, Neuropsychologie und Psychotherapie. Berlin.

Jelinek, Elfriede (1991). Die Klavierspielerin. Reinbek bei Hamburg.

Kafka, John S. (1969). The body as transitional objekt: a psychoanalytic study of a self-mutilating patient. In: The British Journal of Medical Psychology, 42, S.207-212.

Kaplan, Louise J. (1991) Weibliche Perversionen. Von befleckter Unschuld und verweigerter Unterwerfung. Hamburg.

Kavemann, Barbara/Lohstöter, Ingrid (1984). Väter als Täter. Sexuelle Gewalt gegen Mädchen. Reinbek bei Hamburg.

Keller, Gudrun/Mager, Andrea/Wolf-Graaf, Anke (1993). Zufluchtstelle für Mädchen und junge Frauen. Ein Projekt der Initiative Münchner Mädchenarbeit e.V.. Abschlußbericht der wissenschaftlichen Begleitung. Bayerisches Staatsministerium für Arbeit und Sozialordnung. München.

King, Vera (1992). Geburtswehen der Weiblichkeit - verkehrte Entbindungen. Zur Konflikthaftigkeit der psychischen Aneignung der Innergenitalität in der Adoleszenz. In: Flaake, Karin/King, Vera (Hginnen.): Weibliche Adoleszenz. Zur Sozialisation junger Frauen. Frankfurt, New York.

Kohn-Waechter, Gudrun (Hgin.) (1991). Schrift der Flammen. Opfermythen und Weiblichkeitsentwürfe im 20. Jahrhundert. Berlin.

Kost, Petra (1992). Weibliche Aggression. zwischen Gestaltungsmacht und Vernichtungsangst. In: Bilden, Helga (Hgin.): Das Frauentherapie Handbuch. München.

Laplanche, J./Pontalis, J.-B. (1991). Das Vokabular der Psychoanalyse. Frankfurt a.M.. (10. Auflage).

Litwin, Dorothy (1992). Autonomie: Ein Konflikt für Frauen. In: Alpert, Judith (Hgin.): Psychoanalyse der Frau jenseits von Freud. Berlin, Heidelberg.

Mayring, Philipp (1990). Einführung in die qualitative Sozialforschung. München.

Mayring, Philipp (1991). Qualitative Inhaltsanalyse. In: Flick, Uwe (Hg.): Handbuch Qualitative Sozialforschung. München.

Mentzos, Stavros (1991). Neurotische Konfliktverarbeitung. Einführung in die psychoanalytische Neurosenlehre unter Berücksichtigung neuer Perspektiven. Frankfurt a.M..

Mertens, Wolfgang (1992). Entwicklung der Psychosexualität und der Geschlechtsidentität. Bd.1. Stuttgart.

Miller, Frank/Bashkin, Edmund A. (1974). Depersonalization and Self-Mutilation. In: The Psychoanalytic Quarterly, Bd.43, S.638-649.

Mitscherlich, Margarete (1989). Psychoanalyse als Aufklärung - nur für Männer? In: Brede, Karola (Hgin.): Was will das Weib im mir? Freiburg.

Mitscherlich, Margarete (1992). Die friedfertige Frau. Frankfurt a.M.. (Sonderausgabe).

Nissen, Gerhardt (1975). Zur Genese und Therapie der Autoaggression. In: Zeitschrift für Kinder- und Jugendpsychiatrie, Bd.3(1), S.29-40.

Oerter, Rolf/Montada, Leo (1987). Entwicklungspsychologie. Ein Lehrbuch. München-Weinheim. (2.Auflage).

Paar, Gerhard H. (1987). Selbstzerstörung als Selbsterhaltung: Eine Untersuchung zu Patienten mit artifiziellen Syndromen. In: Materialien zur Psychoanalyse und analytisch orientierten Psychotherapie, Bd.13(1), S.1-54.

Pao, Ping-Nie (1969). The syndrome of delicate self-cutting. In: The British Journal of Medical Psychology, 42, S.195-206.

Plassmann, Reinhard/Wolff, B./Freyberger, H. (1986). Die heimliche Selbstmißhandlung, eine psychosomatische Krankheit. In: Zeitschrift für Psychosomatische Medizin und Psychoanalyse, 1986(4), S.316-336.

Plassmann, Reinhard (1987). Der Arzt, der Artefakt-Patient und der Körper. Eine psychoanalytische Untersuchung des Mimikry-Phänomens. In: Psyche (41), S.883-899.

Poluda-Korte, Eva S. (1992). Identität im Fluß; Psychoanalyse weiblicher Adoleszenz im Spiegel des Menstruationserlebens. In: Flaake, Karin/King, Vera (Hginnen.): Weibliche Adoleszenz. Zur Sozialisation junger Frauen. Frankfurt, New York.

Rauchfleisch, Udo/Schuppli, R./Haenel, Th. (1983). Zur Persönlichkeit von Patienten mit dermatologischen Artefakten. In: Zeitschrift für Psychosomatische Medizin und Psychoanalyse, Bd.29(1), S.76-84.

Riefenstahl, Leni (1976). Die Nuba von Kau. München.

Rijnaarts, Josephine (1988). Lots Töchter. Über den Vater-Tochter-Inzest. Düsseldorf.

Rohmann, Ulrich H./Hartmann, Hellmut (1988). Autoaggression. Grundlagen und Behandlungsmöglichkeiten. Dortmund.

Sachsse, Ulrich (1987). Selbstbeschädigung als Selbstfürsorge. Zur intrapersonalen und interpersonellen Psychodynamik schwerer Selbstbeschädigungen der Haut. In: Forum Psychoanalyse 3, S.51-70.

Sachsse, Ulrich (1989). „Blut tut gut". Genese, Psychodynamik und Psychotherapie offener Selbstbeschädigungen der Haut. In: Hirsch, Mathias (Hg.): Der eigene Körper als Objekt. Zur Psychodynamik selbstdestruktiven Körperagierens. Berlin, Heidelberg, New York.

Sachsse, Ulrich (1994). Selbstverletzendes Verhalten. Psychodynamik - Psychotherapie. Göttingen.

Sachsse, Ulrich/Eßlinger, Katja/Schilling, Lars (1996). Vom Kindheitstrauma zur schweren Persönlichkeitsstörung. Unveröffentlichtes Manuskript.

Simpson, Michael A. (1975). The phenomenology of self-mutilation in a general hospital setting. In: Canadian Psychiatric Association Journal, J.20, S.429-434.

Soltau, Roswitha (1988). Die frauenspezifische Abhängigkeit von Suchtmitteln. In: Merfert-Diete, Christa/Soltau, Roswitha (Hginnen.): Frauen und Sucht; Die alltägliche Verstrickung in Abhängigkeit. Reinbek bei Hamburg.

Steiner-Adair, Catherine (1992). Körperstrategien. Weibliche Adoleszenz und die Entwicklung von Eßstörungen. In: Flaake, Karin/King, Vera (Hginnen.): Weibliche Adoleszenz. Zur Sozialisation junger Frauen. Frankfurt, New York.

Steinhage, Rosemarie (1989). Sexueller Mißbrauch an Mädchen. Ein Handbuch für Beratung und Therapie. Reinbek bei Hamburg.

Sykora, Katharina (1989). Verletzung - Schnitt - Verschönerung; Filmische Freilegungen. In: Lindner, Ines/Schade, Sigrid/Wenk, Silke/Werner, Gabriele (Hginnen.): Blick-Wechsel. Konstruktionen von Männlichkeit und Weiblichkeit in Kunst und Kunstgeschichte. Berlin.

Tameling, Annegret/Sachsse, Ulrich (1996). Symptomkomplex, Traumaprävalenz und Körperbild von psychisch Kranken mit selbstverletzendem Verhalten. Psychother. Psychosom. med. Psychol. 46. S. 61-67.

Trube-Becker, Elisabeth (1987). Gewalt gegen das Kind: Vernachlässigung, Mißhandlung, sexueller Mißbrauch und Tötung von Kindern. Heidelberg.

Van Vugt, Gerry/Besems, Thijs (1990). Psychotherapie mit Inzestbetroffenen Mädchen und Frauen (I). In: Acta Paedopsychiatrica: Europäische Zeitschrift für Neuropsychiatrie, Psychologie und Psychotherapie des Kindes- und Jugendalters, Bd.53(4), S.318-338.

Wahl, Klaus (1990). Studien über Gewalt in Familien. Gesellschaftliche Erfahrung, Selbstbewußtsein, Gewaltätigkeit. München.

Winnicott, D.W. (1973). Vom Spiel zur Kreativität. Stuttgart.

Wirtz, Ursula (1991). Seelenmord. Inzest und Therapie. Zürich.